第1章　日本文化の黎明

1

① 縄文時代と弥生時代の葬法について述べよ。

P. 14

縄文時代の遺跡である愛知県吉胡貝塚や岡山県津雲貝塚から発掘された遺体の検出例からも明らかなように、縄文時代のおもな葬法は死者の四肢を た姿勢にして葬る屈葬であった。この葬法は旧石器時代から青銅器時代 世界各地の民族で行われたが、その事由については、墓室を小さくする あるとする説や母胎内での姿を再現し母なる大地に死者をかえすためとす などもあるが、死霊に対する畏怖の念から死者の魂を封じ込めておこうと と考えるのが妥当ではないか。また、この時代の埋葬は共同墓地で行われ、 別な副葬品が認められないことは、当時の社会に貧富の差や階級の成立がまだみられないことを示している。

弥生時代には屈葬は廃れ、伸展葬（伸葬）が一般的となった。また、遺体を直接土壙に埋葬する墓ばかりでなく、木棺や石棺あるいは甕棺などを使用した墓が出現し、墓の存在を明示する支石墓や、後期には墳丘をもつ墓も登場する。墓には、銅剣・銅鉾・銅鏡・玉類など貴重品を副葬したものも見られるようになる。これらの事実は、生業の変化により生活が向上し、貧富の差や支配者、被支配者の関係が発生していたことを物語るものであろう。また、箱式石棺墓や支石墓は中国・朝鮮半島の墓制の影響とみられ、大陸文化の流入を知ることができる。

② 縄文時代と弥生時代の社会の違いを述べよ。また、その違いが生じたのはなぜか。

縄文時代は貧富の差・身分の差のない社会であり、弥生時代は貧富の差・身分の差のある階級社会である。縄文時代が貧富の差や身分の差のない社会であることは次の二点でわかる。この時代の住居址は小規模であり、埋葬の仕方に差が認められず副葬品も出土しないこと、第二に、貝塚に残された資料からその生業は、狩猟・漁撈などによる採集生活と推定される。このような採集経済の段階では富の蓄積が考えられない平等な共同社会であった。

これに対して、弥生時代には金属器を使用するとともに水稲耕作が始まり、定住生活を始めた。採集経済から生産経済へ発展したこの社会では、生産力が向上し農産物の蓄積が可能になると、集落内に貧富の差や身分差が生じ、地域 団の間における闘争や併合により、「ムラ」や「クニ」の支配者があらわれ 社会が成立した。そのことは葬法における甕棺墓・箱式石棺墓・支石墓な 在や特定の墳墓に出土する副葬品の違いによって知られる。

史研究に中国史料が重視されるのはなぜか。

P. 15

研究の重要な課題の一つに、日本古代国家の成立をめぐる問題があ 成立の過程を記した歴史書には『古事記』と『日本書紀』があ 世紀初頭に編纂されたものであり、国家成立時の記事には不 また、鉄剣・銅鏡・石碑等の銘文は当時の状況を知る貴重 発見例は稀で、それのみで系統的な歴史を構築できるもの で、古くから史書を書き残す伝統がある中国で日本の状況を記 『漢書』『後漢書』『魏志』等の記述に頼らざるを得ないのである。ただし、十分な史料批判に基づいて、これらの史書の記述を利用しなければならないことは言うまでもない。

3

① 後漢に「奉貢朝賀」したのはなぜか。

P. 16

臣下が王宮に参内して天子に拝謁し、貢物を献上することを奉貢朝賀という。臣下の礼をとった朝貢外交は、後漢書にあるだけでなく、漢書に「献見」・魏志に「朝献」・宋書に倭国王済「使を遣して奉献」や世子興「使を遣して貢献」など語句に違いはあるが、すべて朝貢外交である。後漢に朝貢したのは、第一に後進国である倭が大陸文化の輸入に努め、特に鉄器・青銅器の獲得によって王の権威を高めようとしたこと、第二に大陸王朝の後援によって、倭国内での権威を強め、他の小国家より有利な立場を得ることなどの理由からであろう。

② 一七八四年に発見された金印の意義を述べよ。

一七八四（天明四）年筑前国志賀村の百姓甚兵衛が志賀島叶の崎で田の溝を修理中偶然発見し、その後、領主黒田家の所蔵となり、一九七八年福岡市に寄贈された金印である。この金印の真偽については、江戸時代以来諸説があるが、第二次世界大戦後、杉田勇造氏が、⑴金印の一辺の長さは漢尺の一寸に当たり「方寸の印」の制に合致する、⑵金印の蛇鈕《だちゅう》（蛇の形と見えるつまみ）は漢の印制にないとされていたが、同型の金印（一九五七年雲南省石寨山出土の滇王之印）が発見された、以上二点より真印説としたことが有力になった。印字の「漢委奴国王」のよみは「委奴」を「ヤマト」もしくは「イト」とよまれたこともあったが、今日、この銘文を「漢の委（倭）の奴の国の王」とよむのが定説になっている。したがって後漢書の建武中元二年における倭と後漢との外交を証拠だてるとともに、倭奴国王が後漢に臣下の礼をとっていたことが知られる。

4

P. 22

① 邪馬台国支配は、祭政一致の政治形態であった。これを示す部分を魏志倭人伝の史料から書き出せ。

「鬼道に事へ、能く衆を惑はす」これは、卑弥呼が、単なる政治的権力だけでなく、呪術的・宗教的な力によって支配を維持したことを示している。すなわち、超能力の神霊におののく古代では、神を祭りその作用により人を支配することが政治の根本理念であった。しかも「王となりしより以来、見るある者少なく、婢千人を以て自ら侍せしむ」・「宮室・楼観・城柵・厳かに設け」とあるから、司祭者としての王の神聖さを人びととの接触により失われないようにして権威を維持させていたのであろう。

なお、「卑弥呼以て死す。……男王を立てしも、国中服せず。更々相誅殺し、当時千余人を殺す。また卑弥呼の宗女壹与年十三なるを立て王となし、国中遂に定まる。」とあることにより卑弥呼が宗女にだけ司祭の術を伝え、神霊の力によって政治支配を実施したことを示している。

② 邪馬台国の位置に関する両説について述べよ。

邪馬台国の位置については、近畿説と九州説とがある。両説については江戸時代以来、現在に至るまで、その論争が継続されていて未だに結着をみていない。この論争が重要なのは、邪馬台国や卑弥呼の研究を通して、当時の政治形態や王権の推移を明らかにできるだけでなく、日本国家統一の問題と密接な関係があるからである。

近畿説をとれば、邪馬台国を中心とするヤマト政権は北九州まで統合していたことになり、その時期も三世紀までさかのぼることになる。一方、九州説をとれば、邪馬台国が存在したころ、大和・出雲・吉備地方などにも有力な勢力が存在したと考えられ、三世紀中頃から四世紀にわたって統一が推し進められ、遅くとも四世紀前半までには国土統一が成し遂げられたと考えられる。昭和五〇年六〜八月にかけて、日韓両国の学者によって古代を擬した舟と航法で、魏志倭人伝の記事を再現し、実験したのも、この論争を解決せんとする一つの試みであった。

両説の論拠を比較対照することは容易ではないが、論争点は次の三つに要約してよいであろう。

第一は、魏志倭人伝の地理の記載の解釈である。魏志倭人伝の記事は、九州の伊都国に「郡使の往来常に駐る所」とあるように郡使が直接見聞しているので、北九州の「奴国」までは地理と対照しても比較的正確詳細な記事であろう。しかし、投馬国・邪馬台国への方向や道程を文字通りに従うときわめて遠路であって、邪馬台国は九州の南の海中にでも置くほかないのである。近畿説は日程はそのままとるが、方角は「南」を「東」にかえて読むとした。その論拠は、当時の中国人が九州を北におき、本州をその南につらなるとみる誤った地理観念をもっていたことなどをあげている。他方、九州説は、方角は正しいが、道程は誇張されているとみる。しかし、道程を記事通り取り扱わないという難点をもち、そのため榎一雄氏が新しい解釈を打ち出した。この説は、「伊都国」までの記載とそれ以後のものとの違いに着目し、継続的直線的に邪馬台国に至るのではなく、伊都国から放射的に諸国を置くことを主張し、総距離一万二千余里に一致するとしたが、いずれの説も文献の地理の記載からは解決できない。

第二は、考古学上の問題であって、種々の批判はあるが次の三点から近畿説に有利と考えられている。⑴漢鏡は北九州に圧倒的に多いが、三国時代以後の鏡は畿内を中心に発達した初期古墳から出土する事実である。つまり魏と通交した卑弥呼の時代の中心は大和に移っていたことを示すという。⑵卑弥呼の死んだ時の径百余歩の「冢」の記載であり、これが古墳であるとすれば、初期古墳は大和を中心に発達し、まだ北九州に及ばない時代であって、卑弥呼は大和の人であったとみなければならない。⑶魏志倭人伝の記事にある卑弥呼が魏から賜った百枚の銅鏡は、魏時代の舶載の「三角縁神獣鏡」などであろうと考えられ、この分布が畿内の各地、西は北九州、東は武蔵・上野まで広がっている事実である。これら古墳から出土する銅鏡は、卑弥呼が古墳の被葬者に分与したものであり、卑弥呼と各地の首長との間に政治的な関係のあったことが考えられる小林行雄氏の説もある。

第三の論点は、音韻の問題で、万葉仮名の用字法の研究から、邪馬台国の「ト」（台）は、九州説のいう「山門郡」の「ト」（門）と合致せず、記紀にある「邪麻騰《ヤマト》」（大和）の「ト」（騰）に一致するという。これも邪馬台国が大和であることの有力な論拠になるという。

このような論争は複雑多岐となり、純粋に、客観的にいずれが正しいか、にわかに判定し難い問題で今後の研究によるほかない。

なお、上記の学界における論争点のほかに、国名には音が後世まで残ると考えられ、斯馬《しま》（志摩）・伊邪《いや》（伊予）・弥奴《みぬ》（美濃）・鬼《き》（紀伊）・巴利《はり》（播磨）など、畿内周辺の国名が女王国の周辺国と魏志倭人伝に記載されていること、倭国が朝鮮半島へ進出した政治情勢や記紀の記事に北九州勢力とヤマト政権との大きな交戦記事のないことなどから、邪馬台国がヤマト政権に発展したとみた方が国土統一過程上無理がないとも考えられる。

第2章　律令国家の成立

1　我が国が宋に朝貢した目的を述べよ。　P.26

倭王武の上表文はかなりの名文で、起草者は中国や朝鮮半島からの渡来人であったと考えられる。五世紀に入って朝鮮半島における高句麗との戦いで、日本の立場が悪化した状況下で我が国は宋に朝貢したのである。その目的のおもなものは、倭が朝鮮半島における既得の優位の地位を宋に認めてもらい、高句麗を牽制することである。『宋書』によると、元嘉十五（四三八）年の倭王珍は「使持節都督倭・百済・新羅・任那・秦韓・慕韓六国諸軍事、安東大将軍、倭国王」と自称し、これらの官号の承認を要求している。このあまりに広範囲にわたる軍事支配権の要求は認められなかったものの、のちの倭王武の上表（四七八）の際には、ほぼ同内容の官号を得ているのである。倭王たちが一貫して、南朝鮮諸国の軍事的支配権と倭国内部の正統王権の承認を求めていたことに注目したい。また、宋への遣使の目的の一つには、先進技術、文化の導入があったと思われる。『日本書紀』にも、応神朝や雄略朝に南朝から縫工女を求めた記事があるが、このような先進技術を導入し国力を増強して統一を目指すヤマト政権の姿を反映したものであろう。

2　P.31

①　仏教公伝以前、我が国の信仰はどのようなものであったか。

我が国の信仰は、はじめ人力の及ばないものに、精霊を宿すという自然崇拝・精霊崇拝（アニミズム）が行われ、その畏怖と恵みの供与を求めることから、呪術的固有信仰（シャーマニズム）となり、守護神を祭るにいたった。その後、農業の発達に関連して、土地の守護神である産土神《うぶすなのかみ》や氏族の守護神である氏神が中心となり、氏姓制度の発達にともなって氏神と産土神が同一視され、氏族集団の勢力の増大につれて、地縁的結びつきも生じ、神祇崇拝が拡大されていった。

②　仏教公伝当時、我が国ではどのような問題が起こったか。

いわゆる仏教公伝については五三八年説と五五二年説がある。前者は『元興寺縁起』や『上宮聖徳法王帝説』に、後者は『日本書紀』にみえる説で、いずれも欽明天皇のときに百済の聖明王より仏教が伝えられたことを記している。欽明天皇の様子は『日本書紀』に、「是の如く微妙しき法を聞くことを得ず」「仏の相貌端厳し。全ら未だ曾て有ず」と記されている。後世の潤色もあるであろうが、その衝撃が大きいものであったことは確かであろう。しかし、欽明天皇はこれを受容するか否かの判断をみずからすることを避けている。いや、これは当時の大王にこのような重要な事項を専決する権限がなかったことを物語っているのであろう。群臣に推戴されて大王となった欽明天皇にとって、重要事項であるからこそ、群臣に意見を問うことが必要だったのである。三蔵の管理をして財政を預かり、渡来人と関係が深い蘇我氏は仏教本来の理念はさておき、多くの知識や技術を伴った仏教受容の必要性を認知していた。一方、これと対立する物部氏は朝廷の祭祀を掌握する中臣氏とともに反対の態度を示す。いわゆる崇仏論争である。しかし、この対立はあくまで朝廷内部での主導権争いの一幕にすぎない。結局、この争いは用明天皇の次の大王位をめぐる両者の争いが最終決着の場となり、勝利した蘇我氏が朝廷の主導権を握ると仏教興隆の時代を迎えることになる。

3　P.33

①　氏姓制度を説明せよ。

氏姓制度は大和時代、ヤマト政権の政治組織、支配階層である豪族の氏の社会的地位を姓によって秩序づけた制度であった。父系的な先祖を同じくすると信ずる家々が集落をつくり、それに非血縁の家も加え集団または同祖は問題でなく、ただそれに擬制する集団がヤマト政権の支配下に入っての社会的政治的単位となったもので、中央は臣・連の姓をもつ豪族と造などの姓をもつ部民を管理する伴造の氏で組織され、地方は公・直などの姓をもつ国造が有力で、ほかに県主・稲置などの氏で組織されていた。これがヤマト政権の発展に伴って次第に整備されていったが、大化二年の改新の詔の一条・二条はこの制度の廃止を打ち出している。

② 中期古墳が巨大化した背景は何か。

我が国の古墳の形状のうち、天皇陵や各地の豪族の墳墓には前方後円墳が圧倒的に多く、大阪府の応神・仁徳などは巨大な「大王の墓」として君臨し、造墓の規模の点でもまさにピークに達している。このことは、中期古墳の時代にあたる応神・仁徳両天皇の時期が五世紀で、この巨大な古墳の出現の背景には、第一にヤマト政権による国内統一の進展と、それに伴う国力の充実や中国、朝鮮半島との交流の成果がある。第二に渡来人による大陸技術の導入によってヤマト政権が豊富な鉄製品の集中管理と分配権を手中におさめていたという経済的理由によるものである。

4 憲法十七条から、当時の政治と社会の状態を考えよ。

P. 36

六世紀後半から七世紀におけるヤマト政権内部では、蘇我馬子が物部氏を滅して、朝廷の主導権を握り、五九二年には崇峻天皇を暗殺するに至った。蘇我氏の勢力が絶大で、弱小氏族を威圧し、厩戸王以下の皇族はその横暴を坐視せざるをえないほどであった。摂政として厩戸王が政界に登場したのは、このような朝廷の危機という政治情勢のもとであった。隋・新羅の影響をうけ、天皇中心とする強力な中央集権国家を樹立することを理想とした厩戸王は、第三条・第十二条に君主権をうたい、弱小氏族が蘇我氏に従うことをやめさせ、臣下の官僚として行うべき道を第六条・第十五条に示した。また、隋・新羅の強力な勢力が我が国に及ぶのを恐れ、氏族間の闘争をやめ団結すべきを述べている第一条にて「和」を強調している。

他方、豪族による田荘の兼併や部民の抑圧が激しく、氏姓制度の弊害が表面化してくる社会情勢の中で、厩戸王が第二条の仏教尊信を強調したのは、仏教の平和主義や平等思想によって、豪族の土地兼併・部民の併合をやめさせ、仏教により人間性を高めることをとき、国家の発展をめざしているのである。また、第十二条・第十五条・第十六条では、すべての人びとは王臣であるから搾取すべきでないことを強調している。

要するに、憲法の制定の目的は、厩戸王が仏教思想・儒教の徳治思想・法家思想をもって、天皇中心の中央集権国家を建設して、氏姓制度の弊害と朝廷の危機を除去するにあった。しかし厩戸王の理想は余りに観念的であったので、効果がなかなかあがらず、厩戸王自身、臨終に際し「世間虚仮《こけ》・唯《ただ》仏是真」と慨嘆するほどであった。

なお、憲法十七条については厩戸王による撰を疑問視する声もある。第十二条の「国司」の語は大宝令ではじめて使用されるものであり、推古朝には存在しないからである。したがって憲法十七条に後世の潤色が加えられていることは間違いない。しかし、内容的には律令時代に作られたとは考えにくく、憲法十七条の骨格は推古朝の成立と考えてよいと思われる。

5

① 隋に使者を派遣した目的を述べよ。

P. 37

厩戸王が遣隋使を派遣した目的は、第一に強大な統一国家であった隋の進んだ制度・文物を摂取し、日本文化向上に資すること。特に推古朝の重要政策であった仏教興隆に役立てるため、留学僧を派遣していることに注目したい。第二に朝鮮半島における勢力挽回をはかること。第三に文化面でも外交面においても国内における皇室の指導的地位を確立し、ひいては天皇中心の中央集権体制の確立をはかることであった。

② 厩戸王と倭の五王時代の外交の違いを述べよ。

中国王朝への外交姿勢はその目的とともに三段階の変質を遂げる。卑弥呼以前は国内での立場を有利にするために中国王朝の権威を必要とした。しかし、ヤマト王権の確立後、今度は朝鮮半島南部での影響力を誇示するために中国王朝の権威を必要とした。これが倭の五王時代の外交である。しかし、新羅の圧迫によって半島南部の足がかりを失った推古朝に至り、もはや中国王朝の権威は必要ないものとなった。ここに外交革命ともいうべき大転換が図られる。それが厩戸王による朝貢外交から臣属しない形式への転換である。ただし、中国側がこれを受け入れる保証はなかったはずである。しかし、厩戸王には半島情勢を分析した上での勝算があったのであろう。事実、高句麗遠征を企てる隋にとって、海の向こうの小国とはいえ日本の存在は無視できないものであった。その結果、煬帝が国書を無礼としながらも返礼使裴世清を遣わしたことは、厩戸王の外交的勝利と言えよう。これは国内においては大王権の権威を高めると同時に、隋の冊封を受ける朝鮮三国に対しては、形式的に過ぎないとはいえ優位な立場を得ることになったからである。もっとも裴世清の位階が三〇階中下から二番目であったことを考えると、おのずから隋の対日姿勢は明らかであろう。

6 飛鳥文化が世界性に富んでいる例をあげよ。

P. 39

飛鳥時代の代表的建築である法隆寺には、西域・インド・ギリシアなどの手法を取り入れて発達した六朝時代の様式が、かなり残されている。例えば、雲崗の寺院と同じ卍字崩しの勾欄・人字束・雲形肘木が見受けられ、さらにエンタシスの列柱はギリシア神殿建築の影響を受けているといわれる。彫刻では鞍作止利作の釈迦三尊像が、北魏様式といわれる。北魏の雲崗の石仏などの様式に類似している。工芸では玉虫厨子や金堂の天蓋にみられる忍冬唐草文様は、中国を通じてササン朝ペルシア・東ローマ・ギリシアの影響がみられるし、天寿国繍帳の図柄は、表現が固く、象徴的・観念的であり、高句麗の古墳壁画に通ずるものがあるという。このように、飛鳥文化には当時の世界文化の粋が残っているのである。

7 「改新の要因」の史料から、大化改新を必要とした理由を述べよ。

P. 41

史料をみると、第一に豪族が土地を兼併して豪富を誇っている。「臣連等・伴造・国造……国県の山海・林野・池田を割りて、己が財として……数万頃の田を兼ね幷す」でもわかり、そのため争いが絶えない。第二に民を酷使している。豪族が「民を置きて情の恣に駈使ふ」とあるように部民をもち、自由に酷使し、自分の邸宅や墓をつくっている。第三に天皇の命が軽んじられている。「調賦進る時に、其の臣連・伴造等、先づ自ら収め斂《と》りて、然して後に分ち進る」のように税の横領や墓を園墓《みささぎ》と称したことなどより、朝廷の国家統治の困難がわかる。このように氏姓制度の弊害が出て、豪族は土地人民を巨大私有し権力を振う一面、耕地をもたない農民が多くでており、朝廷の政治も行えない状況であった。

なお、このほか、農業生産の向上による農民の自我意識の高まったことは、群集墳が六世紀末より七世紀に急増したことでもわかる。この農民の集団力は、氏姓時代の国造・県主・稲置などの地方官に危機感を与え、彼ら地方官が国家の強大な力を要望する風潮も改新の一因として考えられる。

8

① 律令制度において、造籍が重要であるのはなぜか。

P. 49

公地公民の基盤の上にたてられた律令国家は、公民の人口・年齢などを確実に把握し、班田収授と氏姓を正す根本台帳である戸籍を作成する必要があった。この台帳を土台として計帳を作成し軍役を課した。すなわち、戸籍は、律令国家が直接人民を支配し、彼らから徴収する税収入によって国家財政を安定させ、軍事力を維持するためにも必要な根本台帳だったのである。戸令の規定によれば、六年に一たび造ると定められていた。全国的に造籍が行われたのは、六七〇年庚午年籍を最初とし、八世紀には、ほぼ規定通りに造られたことが知られている。原則として三〇年保存で、戸主の上申にて三通作成され、一通は国衙に、二通は太政官におくられて中務省と民部省に保管された。

② 律令制下の農民の負担には、どのようなものがあったか。

律令制下の農民の負担には租税と兵役とその他のものがある。租税には租・庸・調・雑徭がある。租は、段当たり標準収穫量稲七二束に対し二束二把（七〇六年大束に改めて五〇束、租を一束五把にしたが実質は同じ）で、収穫の三パーセントにすぎず比較的軽かった。調は、絹・糸・綿・布・鉄・塩・海産物など土地の産物を納めるもので、このうち一つを納入する。正丁・次丁・中男に課せられる。庸は、本来歳役と称し年に一〇日上京して、政府の労役に服するもので、正丁・次丁に課せられる。歳役の代わりに布を納める場合が多かった。雑徭は、正丁が年間最高六〇日（七五七年、三〇日に改められる）を限って、国司の命によって国内の官舎・橋梁・道路の修理などに服するもので、次丁・中男にも課せられる。国司は限度一ぱい使役し、しかも食糧は自弁であったので、農民の苦痛が大きかった。

国防と治安に当たるための兵役は、正丁の三分の一を徴する。兵士に徴せられると、庸・雑徭が免除され、防人や衛士の場合は課役（庸・雑徭・調）を免ぜられるが、武器・乗馬・食糧などは自弁であったので農民にとっては非常な負担となり、「一人点ぜられれば一戸随って亡ぶ」と類聚三代格に述べているように重い負担であった。

律令制度下で調・庸物を徒歩で京師に運送する運脚は、公民の負担であった。その往復の食糧も自弁であったから、農民疲弊の一因となった。なお、京師までの行程は、『延喜式』にあるのを二・三あげると、陸奥国　上り五〇日、下り二五日。武蔵国　上り二九日、下り一五日。信濃国　上り二一日、下り一一日、土佐国　上り三五日、下り一八日とあり、九州各国は、太宰府に運んだ。運脚の苦しみは続日本紀和銅五年の条にあるように、運脚となったとき、京師までの道程は遠く、食糧を多く持てば調・庸物は少ししか運べない、食糧や荷物を多く持つことができないので食糧を少なくする。これは飢餓におそわれることを恐れると慨いているのが出ている。公民が任終わっての帰路に飢えるものが多いとあるように、農民にとっては苦痛であった。

その他の負担として、本来農民救済の目的であったものが、本来の目的から離れて、税と同じように強制的に課せられたものに出挙・義倉があり、農民を苦しめた。出挙は、春稲を貸し、秋利息をつけて返納するもの。義倉は、凶作にそなえて毎年一定額の粟等の穀類を納める備荒貯蓄の制度である。仕丁は、五〇戸ごとに正丁二人が三年間中央官庁の土木工事に服するものである。

③ 大宝律令と唐の律令との違いを述べよ。

中国の律令は、隋唐に至って大成されたが、唐代でも数回の改修が行われている。大宝律令は、永徽（六五一年）のものを模範としたと考えられるが、我が国の律令と唐の律令を比較すると、その構成・文章など形式的には同じであるが、内容的には日本の国情に合致するように配慮されている。

その違いの第一に、律は唐律の規定を踏襲しているが刑罰は一般的に唐より一・二等軽くしていること。第二に官制は唐より簡素化されており、さらに神祇官が太政官から分離し上位におかれていること。第三に班田制については大きな違いがあり、唐では徴税を目的としているのに対し、我が国では、むしろ社会政策的な意味が濃厚である。

このような違いは、両国の律令の基盤である社会に大きな差があったためである。

9 「貧窮問答歌」の史料から、班田農民の衣・食・住の様子を考えよ。

P. 52

衣は、「麻衾」・「布肩衣」・「綿もなき布肩衣」から麻布衣または栲《た》布（苧麻布）であり、単衣または袖無しを用いた。食は、「飯炊ぐ」・「こしき」・「糟湯酒」などから、粟・ひえ・米などを蒸してたべ、塩・酒（濁り酒）も飲料していたことがわかる。住は、「伏せ盧の曲げ盧」・「直土に藁解き敷き」とあるように、低く曲った家で内部は床なく土の上に藁を敷いて住居にした、原始時代からの竪穴住居であると推定される。

10 浮浪人の増加は、律令体制にどのような影響を与えたか。

P. 54

公地公民制の基盤にたつ律令国家は、公民の租税と徴兵とその他の負担によって支えられていた。とりわけ公民の労働負担が過重であったので、これに堪えきれなくなり、公民の消極的抵抗として浮浪人・逃亡人が増加した。この現象が奈良時代の初期から出ていたことは、続日本紀にある七一五年や七一七年の浮浪人対策の法令によってわかる。浮浪人・逃亡とは、公民が本貫（本属）の地を無断で出奔することで、そのうち行先不明の場合を逃亡という。公民が土地を捨て去ることは、口分田の荒廃・租税収入の減少・軍制の破綻をもたらし、公地公民制の崩壊をまねき、律令国家が衰退することになる。

11 戸籍と計帳の違いを述べよ。

P. 56

戸籍は班田収授の台帳で、計帳は調・庸を徴収するための台帳である。戸籍・計帳は戸主を筆頭に全家族の関係・戸口の数・奴婢・氏姓・名・年齢・性別・課口不課口の別などが記載してある。その違いは、戸籍には、受田額・課不課の合計がのっており、六年毎に作成され、三部作り、一部は国衙にとどめ、二部は中央に進め、三〇年をへて廃棄する。計帳は、容貌や身体的特徴を記し、毎年二部作成し、一部は八月三〇日以前に太政官に送り民部省に納め、一部は各国衙にとどめる。

12

P. 60

① 墾田永年私財法は、土地制度の上でどのような影響があったか。

先に施行された三世一身法は、墾田収公の時期が迫ると農民が熱意を失って、墾田を放置するため再び荒地と化し、政府の口分田増加策の効果は上がらなかった。そこで政府は、七四三年、墾田永年私財法（墾田永世私財法）を発し、墾田の永久私有を認めざるを得なくなった。こうして、大化改新以来の公地公民の原則は政府自らの手によって否定され、貴族や寺社の大土地私有を進行させることになった。私有のできる墾田を重視する風潮が、公田を荒廃させることや農民の生活を圧迫することなどの弊害を予想して、墾田永年私財法に次のような制限を付した。すなわち、①開墾を企てる者は国司の許可を受け、かつ百姓の生業を妨げないこと、②開墾すべき地を得てから三年を経ても着手しない時は、他人に開墾させる、③墾田の面積は位階により制限すること、などであった。

私有地の開墾によって、農民の生活が圧迫されるような事実が出て来たので、墾田禁止令が出されたが、十分な効果が上がらなかったことや制限廃止の要望が強くなったため、七七二年、墾田の制限を廃止し、私有地は拡大されていった。貴族や寺社は、自己の所有地を管理するため「荘」とよばれる倉庫・事務所を設け、その開墾地を荘園と呼んだ。

ところで、墾田永年私財法については従来、政府自ら公地公民制を放棄せざるを得なくなった点ばかりが注目され、律令制度の動揺を示すものとして語られてきた。しかしながら、この法は、政府の掌握する田地を増加させることにより土地支配の強化をはかった積極策であり、これによってはじめて貴族や地方豪族が開墾した田地を輸租田とすることが可能になったことにも注目したい。

② 大規模な開墾を営むことができたのは、どのようなものか。

開墾には、莫大な資本と労力を要した。墾田永年私財法が発布されて以来、大土地私有ができたのは貴族と寺社であった。彼らは、食糧や鉄製農具などを多量に所持しており、家人・私奴婢さらに浮浪人や班田農民を使役して開墾事業を行うことができたからである。

なお、八世紀後半、大土地所有者に寺院が多いのは、七四三年の墾田永年私財法には寺院に対して制限がなかったことや、七六五年の墾田禁止令に寺院が除外されているなどのためであった。八世紀末には、東大寺は二一国に七八荘があり約四〇〇〇町歩、その他、元興寺は二〇〇〇町歩、大安・薬師・興福・

大和法華・諸国の国分の各寺院は各一〇〇〇町歩などの例をあげることができる。

13 国分寺建立、大仏造立の目的を述べ、さらに農民に与えた影響を考えよ。

P. 64

国分寺建立・大仏造立の目的は、聖武天皇が仏恩によって国土の安穏と繁栄を祈願するところにあった。そのため鎮護国家の経典である『金光明最勝王経』・『法華経』・『華厳経』によって国土の安泰を祈願し、仏教国家の総仕上げをした。その理由は、①貴族社会の対立政争や七四〇年藤原広嗣の乱などの政情不安、②天平初年以来の班田制のゆきづまり、農民の浮浪・逃亡の続出や七二一年の凶作をはじめ、七二四年の大地震に加えて七三五年以来多数の死者が発生した天然痘の流行、さらに東北地方における蝦夷の反乱などの社会不安、③新羅との関係悪化による外交上の不安などがあったからである。

次に、農民への影響としては、大仏造立は自発的供出とされているが、国分寺建立や大仏造立は国家的大事業だけに相当の年月を要し、そのうえ、国民の自発的行為のみで完成できるものではないから、強制的に資財・労働力を結集することになった。大仏や大仏殿は、七五二年の大仏開眼の時期までに完成したのではなく、開眼以後も工事を継続して七五七年に完成し、国分寺は奈良末期ごろまでかかり、ほぼ整ったと考えられる。その間、農民は役民として動員されたため、人民の疲弊も甚しく、七五七年橘奈良麻呂が乱をあげる理由の一つにあげている。奈良時代後半に農民逃亡の記事が増えてくるのも、これを裏書きするものである。なお、金銅像の美装のため水銀を多量に使用したことは、今日、社会問題として取り上げられている公害による病人が多数出たと思われる。

このように、この大事業の農民への影響は大きいものであった。

14 奈良時代の政争の渦中における聖武天皇の政治は、どのようなものであったか。

P. 65

奈良時代の政治は、初期には前代以来の皇親政治のおもかげがあった。政争は第一に、これをとりまき自己権力を確実にしようとする中央官僚層が対立していた。この官僚層のうち、藤原氏は律令体制のもとで、絶対的権威をもつ天皇と姻戚関係を結ぶことに腐心し、皇族層や他氏を一応押さえて発展した。また、仏教興隆に伴って、寺院勢を基軸として、僧侶層が政界に進出した。彼らは、今まで中央政界に進出できない各層出身が大半であった。そのため、俗界に大きな関心をもっていたのである。

皇族・官僚・僧侶の各層は必ずしも一本化されていたわけでないが、勢力拡大を確実にするため、激しい政争をくり返していたのである。

このような奈良時代の中で、全盛期とされている聖武天皇の治世は、中央では官僚相互・官僚と僧侶間の激しい政争がくりかえされて政情不安であり、さらに天災地変がおこり、不作が続き、重税を課せられた農民の浮浪・逃亡が続出し、さらに悪疫が流行したため人びとが動揺し、社会不安が増大して政局は深刻化した。このような事態に対し、聖武天皇が打ち出した政策は仏教興隆による鎮護国家であった。その背景には光明皇后の存在が大きいとも言われている。全国に国分寺・国分尼寺を創建し、大仏造立をおこなうなど、国家財政を傾けてまで聖武天皇が追い求めたものは、仏法による加護によって社会不安を取り除き、国家の安定をはかろうというものであった。

15 記・紀編集以前の修史事業をあげよ。

P. 68

国家の発展に伴い、国家成立の由来を探究し、天皇の地位を歴史的に説明することを目的として、修史事業が行われるようになった。

歴史編纂に関する最古の記録は、正確ではないが六世紀ごろにヤマト政権が早くからの口伝などをもとにして、皇室の系図である「帝紀」と各氏の伝承を集めて「旧辞」を作成したといわれている。ついで六二〇年、厩戸王が蘇我馬子とともに「天皇記」・「国記」・「臣連伴造国造百八十部幷公民等本記」を編纂したと日本書紀が伝えている。しかし、この史書は現存しないのでその内容は不明であるが、各名称からみて、天皇中心の政治体制の整備、国家意識の高揚などを説くのを目的として編纂されたものであると考えられる。ついで、天武天皇は、六八一年川島皇子らに命じて史書の編纂を計画させ、稗田阿礼に帝紀・旧辞を読誦整理させた。この事業は完成をみなかったが、奈良時代の古事記・日本書紀編纂の源となった。

16

P. 70

① 天平文化の特色を述べよ。

天平文化とは、年号に天平と冠されていた天平元（七二九）年から天平神護三（七六七）年の天平時代を中心とする八世紀の文化である。この文化の第一の特色は、その豊かな国際性にある。八世紀には遣唐使が七回渡航し、新羅のもとで統一された朝鮮半島や中国東北部におこった渤海との交流も盛んに行われ、なかでも東西交流が活発だった唐文化の影響を強く受けて、天平文化は華やかな国際色に彩られた。正倉院に伝わる「螺鈿紫檀五絃琵琶」「白瑠璃碗」のように、はるか西アジア起源のものの存在が、このことを顕著に物語っている。

第二の特色は、仏教、特に唐の仏教文化の影響を強く受けていることである。鎮護国家仏教の思想や国分寺造立も隋以来の中国の先例に基づくとされ、仏像の様式にも盛唐期の様式を取り入れている。相次ぐ改変、疫病の流行のなかで、天平時代に在位した聖武天皇が篤く仏教を信仰したことがこの背景にある。

また、第三の特色として、現在まで残る文学の古典が書かれたことがあげられる。この背景には、律令制度の完成により官人の教養として漢詩文が流行したことがあるが、より広い階層に親しまれたのはやはり和歌である。奈良時代中期までの和歌の集大成は『万葉集』であるが、ここに集められた様々な階層の人々の歌は、当時の人々の生活を知る貴重な史料でもある。

② 『古事記』・『日本書紀』を比較せよ。

	古事記	日本書紀
1	神話・伝説・歌謡中心	史実的な記述が多い
2	文学的要素が多い	歴史的要素が多い
3	国語（古語）を保存した和習漢文	文飾にも意を用いた純粋の漢文
4	具体的・主観的な叙述	客観的・論理的な叙述
5	国内的・思想統一が目的	対外的・国威宣揚が目的
6	推古天皇までの記録	持統天皇までの記録

17

P. 72

平安遷都が行われた歴史的背景について述べよ。

桓武天皇は七八四（延暦三）年平城京から長岡京に、さらに七九四（延暦一三）年長岡京から平安京に遷都している。したがって、長岡遷都と平安遷都がいかなる理由で行われたか、それぞれについて考えてみることとする。

まず、長岡遷都が行われたのは、よく道鏡などに代表される仏教勢力の弊害を打破するためであるとか、桓武が久しぶりに出た天智系の皇統（平城京時代の天皇は天武系）に属するため人心を一新する必要があったからであるといわれる。さらに、遷都の主唱者で造長岡宮使（のちに暗殺）の藤原種継の母の一族＝秦氏の勢力拡大をはかったからであるともいわれている。

このほか、水陸交通の便の良さも指摘されている。いずれにせよ、このような複合的要因を背景として遷都は断行されたとみるべきであろう。

この長岡遷都からわずか十年で平安遷都が断行された理由としては、地理的要因（長岡京同様、水上・陸上交通両面で好条件）や、政治的要因（特に葛野地方に勢力をもつ秦氏の存在）なども指摘されているが、一般には怨霊の問題からする遷都論が説かれている。長岡遷都の翌年、藤原種継が暗殺され、この事件に連座した皇太子早良親王が廃立され死に至った後、朝廷内での不吉な事件が相次ぎ、さらに全国的な災害、特に長岡京での二度の大洪水は、怨霊の祟りによるものであるから、血塗られた長岡京を廃したのであろうと考えられている。

18 令外官設置の理由を述べよ。

P.73

律令の官制は整備されていた反面、無用の官も多く、繁雑に過ぎて不便な点も少なくなかった。律令は唐の官制の模倣が多く必ずしも国情に合わなかったので、奈良時代から平安時代にかけて令に規定されていない新しい令外官が設置された。

平安初期（桓武天皇の時代）にかけて、鋳銭司・内大臣・中納言・参議・征夷大将軍・勘解由使などが置かれた。これは令制の不足を補ったものであった。これに対し嵯峨天皇は、八一〇年平城太上天皇の変（薬子の変）に関連して蔵人・検非違使を設けた。蔵人・検非違使は、令制官を事実上有名無実にするほどの重要な役割を果たした。蔵人は中務省・少納言の職務を奪って重きをなし、検非違使は刑部省・弾正台・京職などの任務を一手に収めて強大となった。さらに、摂政関白が登場してから律令政治の体制がくずれ、律令体制は摂関政治へと変容していく。

19 「意見封事」の提出された延喜の治と呼ばれる時代の実状を述べよ。

P.76

醍醐天皇は、摂政または関白を置かずに、令制どおりに親政し、律令政治再建に努力した。その一環として官吏に意見封事を求め、より以上の成果を期した。再建のために、九〇二年班田収授を行ったり、国家的事業である正史編修の日本三代実録を完成させたり、延喜格式の編纂を行ったりする一方、文化では宮中の和歌所で和歌盛行をはかり、勅撰和歌集の古今集の編修に当たらせるなど、律令再建のために最後の努力を尽した。

しかし、その実状は、期待に反することが多く表面に出てきた。すなわち、私有地の荘園の増加は、その抑制策として荘園整理令を九〇二年に発令したにもかかわらず増大の一路を辿り、地方政治は、国司悪政が重なり農民の浮浪が増大し、群盗が出現するなどの乱れがおこり、軍政の実もあがらないため、治安の維持が保たれず、私兵の武士団が各地に成長した。一方、外交面では唐との国交や渤海との貿易も絶えて公の国交がなくなり、消極的となったように、律令政治は衰勢の一路を歩んでいた。

20 遣唐使派遣の理由、およびその停止が日本に与えた影響について述べよ。

P.78

遣唐使は六三〇（舒明天皇二）年に犬上御田鍬が派遣されたのを最初として、八九四（宇多天皇の寛平六）年に停止されるまで、二六〇余年にわたっておよそ二十回の任命があり、十六回は実際に渡海している。使節団の総員は、最初のころ、二隻の船で正使・副使以下一〇〇～二〇〇人位であったが、奈良時代以降は、四隻となり、五〇〇人前後であった。

莫大な費用をかけ、多くの犠牲を払ってまで派遣した主な目的は、第一に唐の制度・文物を直輸入することであった。四隻で出帆したのは、海難などに遭遇しても遣使の目的を達成させようとの意図から出たものであろう。第二に奈良時代以降、新羅との関係から政治的外交的使命をも帯びるようになった。すなわち、新羅関係で優越性を唐朝に認めてもらうことであった。さらに、奈良時代末以後、政治・外交上の使命が薄れるにつれて、朝貢による答信物を得ることのほかに、実質的な貿易の利益を目的として派遣されるようになった。

この遣唐使も、八九四年、史料にみられるように、菅原道真の上表によって停止された。その理由は、第一に黄巣の乱などが起こり唐が衰退したこと、第二に航海が甚だ危険であること、第三に政府の財政が窮迫して遣唐使派遣費用の調達難であったこと、第四に私貿易船が増加したこと、第五に当時の貴族社会が退廃的になっていたこと。これらの理由により政府による公式の交渉は全く絶えた。

時を同じくして、これまで輸入された大陸文化は次第に日本人の生活・思想の中に融合・消化され、ここに国風文化が生み出された。文学の分野では、漢詩文にかわって仮名文学が隆盛をきわめたこと。芸術の面では、唐絵から大和絵への発展、重厚・神秘な密教仏像が穏和・優美な浄土仏像（定朝様式）へと転化したことなどはよい例である。政治組織においては、唐制を模倣した律令制度を離れて独自の簡素化が進められ、宗教界でも敬神の風潮が盛んになったことや浄土信仰が勃興したことなど、各方面に初めて自律的発展を遂げ、日本化の傾向が現れてきた。

従来、文化の国風化は遣唐使の停止による影響と直線的に語られてきたが、菅原道真の建議により停止になる前の遣唐使が派遣されたのが半世紀以上前であることを考えれば、遣唐使の停止＝文化の国風化というのはあまりに短絡的な発想であろう。むしろ、弘仁・貞観期の唐風文化の隆盛は、日本人が大陸文化を消化したことを意味しているのであり、その上にはじめて文化の国風化が進展したものととらえたい。

第3章　貴族政治と国風文化

1　① 藤原氏の政権獲得の手法について述べよ。

P. 82

藤原氏は、その祖鎌足以来、律令国家を建設しこれを発展させる推進力となり、摂政関白を頂点とする貴族政治を生み出す主体となった。藤原氏が発展した理由は、次のような政権獲得策によるものといえよう。

第一に、天皇と外戚関係を深めたことである。摂政や関白は、律令体制の最高位にある天皇を補佐し、あるいは天皇の権限を代行する職である。この地位を獲得するため、外戚の地位を得ることに努力した。第二に、巧みに策謀をめぐらし、外戚という武器をふるって、旧氏族を排斥し、対立する他氏勢力をつぎつぎに失脚させた。第三に、摂関太政大臣以下の律令官制の重要な官職を独占した。このように要職を独占したのは、藤原氏一族が官僚としての教養が深かったのも因をなしている。第四に、経済力の優位であった。官位に付随する莫大な俸禄にて、経済的に優位であった。特に一〇世紀後半以後は、広大な荘園を有するに至った。

② 公私混同の政治の実例を調べよ。

藤原氏一門が政権を独占したことは、摂関家の家政機関である政所で実質的な国務が行われるようになったことである。そのため律令制に基づく太政官の公的な行政執行力は軽くなり、朝廷は儀式を型の如く行う場所に過ぎなくなった。このため公私の別の観念が薄くなり、官職を利権視したり、官人や官物を私用に使ったりすることが当然のこととされた。道長の法成寺造営についての栄華物語の記事がそのよい例で、公事を怠っても法成寺造営のための仕事に精励するように命じたり、また小右記にみられるように、一〇一六（長和五）年、道長の土御門第の焼失の報が伝わると、在京の貴族は勿論のこと、受領までが上京して争って再建に奉仕したり、家具調度一切を寄進するものがいる有様で、これは道長の勢威の大きさを示すとともに、公私混同の好例である。

2　当時の国司は、自分の任国をどのように考えていたか。

P. 84

十世紀以降、藤原氏による政権独占が強まると、国司は任国を収入を得るための私領のごとく考えていた。すなわち、国司の中には遙任といって任国に赴かないで目代を派して国司の収入を得たり、中央に望みのない中流以下の貴族は受領となり、あらゆる手段で私腹を肥やしたのである。その背景は、このころの中央政府は、民政を施さないで農民を徴税対象と考えていたし、国司は治水・灌漑などの国事を行わず単なる徴税受負人と化していた。そのうえ、国ごとに定められた租税を国司が請負っており、一定額の請負高も次第に国司の裁量にまかされていたので、中央政府の監督がゆるむにつれて、国司は農民に苛税を課して私財を蓄積することができたからである。

3　悪徳国司の出現が社会に及ぼした影響を述べよ。また、これに似た数多くの例に留意せよ。

P. 85

一〇世紀以後、特に藤原氏の摂関時代に多数の悪徳国司が出現したことにより、次のような社会的影響がでてきた。

第一に農民の浮浪・逃亡が続出した。第二に地方政治が非常に乱れ、その結果、武士団が出現した。第三に国司の苛政は、郡司・地方豪族・有力農民（名主ら）にかなりの打撃を与えた。彼らは団結して史料にあるように太政官に訴えて成功したこともあった。彼らは、ますます団結の強化をはかり自衛のためにいろいろの方法を講ずるに至る。

一方、中央政府は、対農民政策を変更せざるを得なくなった。すなわち、公田官物率法が発布され、国司が勝手に反別賦課率を変更できなくなったのも、郡司百姓等の反抗の結果である。

なお、次の表に、地方農民の反抗の実例がみられる。

年代	摂政関白	事件
九四四(天慶七)	忠平	美濃介橘遠保賊のため殺される
九七四(天延二)	兼通	尾張国の百姓の訴えにより国守藤原道貞を交替
九七八(天元元)	頼忠	備前介海賊のため殺される
九八八(永延二)	**兼家**	**尾張国郡司百姓ら、国司を訴える**
九九九(長保元)	道長	淡路の百姓の訴えにより国守を解任
一〇〇四(寛弘元)	道長	宇佐神人が帥の苛酷を訴える(帥停任)
一〇〇八(寛弘五)	道長	尾張の百姓等上京して国司を訴える
一〇一九(寛仁三)	道長	丹波国氷上郡百姓陽明門に国司を愁訴
一〇三六(長元九)	頼通	近江の百姓、国司を訴える
一〇三八(長暦二)	頼通	但馬国の百姓群集して奏上
一〇五〇(永承五)	頼通	興福寺の訴えにより大和国守源頼親を土佐に配流

4 地方豪族は、その私有地をどのようにして守ったか。

P.88

地方豪族の開墾田などの私有地は、貪欲な国司の誅求の対象となり、また、不輸権を獲得した荘園も領主の力がそれほど大きくない場合には、免判を取り消されたり、他の豪族によって荘園または私有地が侵害されることが多かった。地方豪族は、私有地を守るために、その領主権を名目的に中央の権門勢家に寄進してその保護をうけ、あるいは新しい不輸不入権を獲得する手段に出たのである。

5

P.89

① 官省符荘と国免荘の違いを述べよ。

官省符荘は、立券荘号を経て太政官符・民部省符により不輸租の特権が与えられた荘園で、九世紀からみられる。

国免荘は、現地の荘園調査や徴税の直接担当者である国司の免判(許可)だけで不輸租の特権が与えられた荘園をいう。一〇世紀ごろからみられるが、このころは許可の根拠が薄弱であるため荘園整理の対象となったり、国司の交替によって取り消されたりした。しかし、中央政府の統制力が減退するにつれて国司の権限が強くなり、国免荘は次第に増加し、一一世紀ごろから官省符荘と同等の権限を持つものとして扱われた。

② 荘民の負担と班田農民の負担とを比べよ。

令制の班田農民	荘民
租(三パーセント)	年貢(約三~五割)
庸(年一〇日)	夫役(佃耕作・警備など)
調	公事(畑・山野・河海からの収益に課す)
運脚(庸物・調を京師に運ぶ)	＊ 年貢運搬(荘園領主へ)
雑徭(年六〇日間)	なし
兵士(軍団兵・衛士・防人)	
仕丁	
出挙・義倉	

6 天慶の乱の歴史的意義を述べよ。

P.92

十世紀前半に関東と瀬戸内海で起こった平将門と藤原純友の反乱を総称して天慶の乱という。平将門は九三五(承平五)年、父の遺領をめぐる争いから叔父の国香を討ち、さらにその後、官人に不満をもつ土豪勢力とともに常陸国をはじめとして関東一円の諸国を攻略し、国司を追放した。『将門記』によれば、将門は自ら「新皇」と称し、王城を下総に建て、左右大臣以下の官や新たな国司を任じたとされる。しかし、九四〇(天慶三)年将門は、国香の子貞盛や、下総国押領使藤原秀郷らに討たれ、乱は鎮圧された。一方、関東の反乱に刺激され、瀬戸内海で海賊を糾合した藤原純友も、九三九(天慶二)年に反乱を起こし、翌年讃岐や淡路などの国府を襲いやがて大宰府へ殺到する。ここで、追捕使小野好古に敗れ、九四一（天慶四）年ようやく乱は終結する。

この二つの乱における武力の性格を見ると、将門の軍の兵士は依然として農民から未分離で、農事（播種・収穫など）のため兵士を常に戦場にとどめておけなかったことや、主従関係の結合力が弱かったことなどが指摘されているし、純友の軍勢に至っては国衙に不満をもつ農民・漁民の小集団で、将門のものよりさらに脆弱な軍であったと言わざるを得ない。しかし、このようにまだ原始的な段階であったとはいえ、京都の貴族政権に対する反乱のさきがけをなすものであり、都の人々にも武士勢力の存在を誇示する画期的な事件であった。また、乱の鎮圧の主力となった在地土豪は、その後押領使などの地位を通じて地方に武力をはり、次第に強力な武士団を形成していくことになるのである。さらに、この乱が都の人々に与えた不安や動揺も大きく、空也による念仏の盛行もこのような社会不安を反映したものといえる。

7 平忠常の乱の歴史的意義を述べよ。

P. 93

一〇二八年から三一年にかけて起こったこの乱は、前上総介平忠常が朝貢や徭役を拒否する反国衙の闘争で、上総・下総・安房の三国が戦場となった戦乱であった。朝廷は、初め検非違使平直方を追討使としたが容易に鎮定できず、一〇三〇年源満仲の子で甲斐守源頼信に追討を命じた。平忠常の地盤であった上総国では、この前後四年の戦乱において、約二万三千町歩あった水田が乱平定直後は、わずかに十八町歩余と減少し荒廃したといわれる。これによって掠奪を繰り返さざるを得なくなった忠常から人心は離れ、財力減少によって権力を維持することができなくなったため、追討に向かった源頼信の威名におそれて忠常は降服し、京都へ護送される途中美濃国で病死した。

この乱の歴史的意義は、第一に、この長期の戦乱によって、東国に長年勢威をふるっていた平氏勢力が衰退し、かわって清和源氏のもとに在地武士が結集し、組織されて、東国は強力な源氏の地盤となった。第二に、天慶の乱とともにこの忠常の乱によって、中央貴族の無力が明らかになるとともに、地方に地盤をもつ武士団が乱を通して組織化され、のち、中央進出への契機となった。

8 諸乱の鎮定者は、どのような人びとであったか。

P. 94

地方の争乱の鎮定者は、中央貴族でなく、地方に地盤をもつ武士団であった。

9 末法思想流布の上で僧兵の横暴がどのように影響したか。

P. 96

平安時代の貴族らの精神生活の支えは、「法華経」を中心とし、祈禱による鎮護の天台宗であった。この天台宗が、人の世の終わりを説く悲観的な予言の末法思想を流布した。当時の世相は、こうした予言説を証拠づけたようであった。第一に律令政治の衰微により、地震・旱魃《かんばつ》・洪水・悪疫流行・飢饉・火災などの天災人災の頻発が重なり、治安は乱れ、社会不安が全国にみなぎっていたこと、第二に摂関政治確立に基づく貴族社会の変容、特に中・下層貴族の経済的・身分的顛落は深刻な危機感を覚えさせたこと。特に地方豪族武士層の台頭によりなお一層強く感ずるし、殺人・騒擾の繰り返しや盗賊の横行に生命財産が危険にさらされたこと、第三に人びとが何とか現世幸福と人生の安心感を得ようとして仏法に頼ろうとしても、頼むべき寺院衆徒は闘争に明け暮れし、王法仏法の破れの現実の社会と理解し、ますます末法到来の時期だと思ったこと、という状態だった。

不安におののく人びとは、この絶望から脱却する救済の道を求めた。仏法による救済として二つの通路があった。

一つは現に指導的権威をもつ天台宗の枠内で、朝に法華経、夕に阿弥陀経の読誦を続ける道と、他は舎利信仰・霊験場巡礼の道であった。このことから浄土信仰の盛行と諸寺諸山の巡礼が盛んとなっていった。

なお、僧兵については、一〇世紀に、天台座主良源の伝記をうけ大日本史に「悪僧をあつめて専ら武技を講じ、号して衆徒となす」とあるように、警備に当たった。

天台宗では、天台座主の補任や戒壇院を園城寺にも一一世紀半ばに設置したこと、また荘園管理などにより山門と寺門の反目抗争が絶えず、扶桑略記にあるように、互いに堂舎の焼き打ちや朝廷への強訴が続いた。また南都では、興福寺と東大寺が荘園のことで抗争を続け、春日神社や興福寺に対し、摂関家が言いなりになるのを利用して、俗欲をみたすため、春日神社の神人や興福寺の僧兵が朝廷や摂関家に強訴を繰り返した。これら僧兵の要求は、不条理を条理として力で通す横車の乱暴で、当時、山階道理と称して横暴を働いた。この無法ぶりに対しては朝廷も摂関家も鎮める方途がなく、ただ拱手傍観《きょうしゅぼうかん》の状態であった。

10 摂関・院政期になって浄土教は、なぜ急に勃興したか。

P. 97

仏法で人の末世と説く悲観説の末法思想の流布は、摂関・院政期の人びとに大きな影響を与えた。末法を裏付ける社会の諸現象は、末法到来の危機感をいだいた当時の人びとをおののかせた。その諸現象は、第一に地震・旱魃《かんばつ》・洪水・悪疫流行・飢饉・火災などの天災人災が頻発したこと、第二に律令制の衰微によって地方の治安が乱れ、盗賊が横行し、殺人・騒擾が繰り返され、人びとの生命財産が危険にさらされたこと、第三に地方の武士層の台頭と摂関政治の確立という状況の中で中下層の貴族は、経済的身分的転落の危機を深刻に感じたこと、第四に僧兵の闘争や強訴などの横暴に対し、朝廷や摂関家が傍観の状態で解決ができなかったこと、などである。

このような末法到来の絶望から救済される道は、南無阿弥陀仏の称名、すなわち浄土信仰であった。しかも造寺造仏・経典の読誦や書写を要しないことも、広く一般民の間や貴族層の間に広まる要因となった。

第4章　中世社会の形成

1

P.101

①　延久の記録所は、だれがどのような目的で設けたか。

後三条天皇は、荘園の増加により公領（国衙領）が圧迫されていると考え、一〇六九（延久元）年二月、延久の荘園整理令を出した。

延喜以来たびたび出された整理令は、実施が国司にゆだねられていたため不徹底になっていたが、延久の荘園整理令は従来にない特色を持っている。それは、①一〇四五（寛徳二）年以降の新立荘園を停止すること、②それ以外でも、やせ地を嫌って肥沃地と替えたり、勝手に平民を駆使して公田を隠したりすることや、定まった坪付のない荘園（浮免荘）などを詳細に注進することを命じ、券契の不明確な荘園の停止を命じた。このように在地の現実を具体的に把握して、不法な荘園拡大を抑制しようとしたのである。

荘園整理令の徹底のため、五月に記録荘園券契所（記録所）を設置し、荘園から送られてくる証拠書類（公験）と国司からの報告をもとに審査を行った。その職員には藤原氏と関係の薄い大江匡房や源経長らの学者を登用し、従来整理の対象とならなかった摂関家領も整理の対象とし、かなりの成果を上げた。

また荘園と公領との別が明確になることで、政府による一国平均役の賦課を可能にした。このことも、荘園整理令の目的である。

②　延喜と延久の整理令に対する藤原氏の態度に、どのような違いがあるかを調べよ。

最初の荘園整理令が出されたのは、醍醐天皇の九〇二（延喜二）年、左大臣藤原時平のときであった。延喜の荘園整理令は、本史料にあるように、勅旨田・親王賜田の停止や無制限な王臣勢家の荘園を規制することであった。当時、藤原氏の経済的基礎は、律令官僚としての給付（位田・職田・位封等）と荘園であったが、荘園はそれほど重要ではなかった。律令政治を維持する意欲に燃える時平は、権門勢家・大寺社の寄進による荘園を増加することや藤原氏の対抗勢力である皇族・貴族の勢力伸長を抑えるため、積極的に整理令を支持した。

一〇六九（延久元）年の荘園整理令が出された時期は、地方政治が乱れ国家財政困難のため、規定通りの給付は難しかった。したがって、この時期の藤原氏の経済的基礎をなしたのは荘園であった。後三条天皇がこの整理令を出したとき、宇治に退隠していた前関白藤原頼通が、朝廷に出仕して、強硬に反対意志を表明している。これに対して、後三条天皇も記録荘園券契所に藤原氏の荘園の公験の提出を免除していると愚管抄に述べている。しかし、藤原氏の荘園といえども不正の事実が明白となったときは容赦されなかった。このことは天皇の権威が大荘園領主を超越することを地方豪族・農民に印象づけたのである。

2

P.103

①　院政が行われた目的を述べよ。

後三条天皇のあとを継いだ白河天皇は、摂関家の衰退にも乗じて数十年にわたる親政を経て、一〇八六年堀河天皇に譲位後、院政を開始した。

院政開始の最大の目的は、白河上皇が、幼君の堀河天皇の後見人として権力を集中させ、確実に自己の子孫に皇位を継承することである。また、摂関家の政治権力を抑えて、その干渉のない立場で政治を行うとともに、荘園の寄進増加による経済力の強化も図ることで、天皇家の権威の回復を目指した。

②　律令政治・摂関政治・院政を次の項目ごとに比較せよ。

	律令政治	摂関政治	院政
(イ) 経済的基盤	租・庸・調・雑徭など	国からの給付 荘園	知行国。荘園 受領層の献納
(ロ) 政治機関とその職員	令制による政治組織 （太政官＝二官八省） 官吏（朝臣）	政所 家司	院庁 院司
(ハ) 命令文書	詔勅・宣旨 官省符	御教書 政所下文	院宣 院庁下文

③ どのような人びとが院政をささえたか。

院政とは、治天の君と称される上皇（法皇）が実権を握る政治形態である。この院政をささえたのは、院司として上皇に仕えた院近臣である。院近臣には、后妃や乳母などの一族、諸国の受領を務めて経済力を高めた中下流貴族、その他の実務官僚などがいる。

院近臣では、保元の乱や平治の乱における重要人物となる藤原通憲・藤原信頼などが知られるほか、伊勢平氏も院近臣であった。平正盛・忠盛父子が院と結んで台頭し、平清盛に至って権門としての地位を獲得することとなる。

3 P.106

① 保元・平治の乱の歴史的意義を述べよ。

保元の乱は、院政期における皇位継承争いや摂関家内の権力争いが発端となり、そこに、源平の武士が動員されたものである。しかし、結果として戦局の動向に武士が大きな役割を果たし、武士階級が中央政界に対して大きな影響力を持つことを示した。

一方、平治の乱は、藤原通憲と藤原信頼の院近臣同士の争いと、後白河法皇院政派と二条天皇親政派の対立等がからみながら、平清盛と源義朝という武家の棟梁が全面対決したものである。勝利した平氏が中央政界へ飛躍するに至り、武士の地位が向上し、武力による新しい支配体制がうまれるきっかけとなった戦いであった。

したがって、『愚管抄』には、（この乱を経過して）「武者ノ世ニナリニケル」、徳川慶喜の『大政奉還の上表文』に「保平ノ乱（保元・平治の乱のこと）政権武門ニ移テヨリ」、『徴兵告諭』に「保元平治以後、朝綱頽弛兵権終ニ武門ノ手ニ墜チ」と述べられているように、この両乱は、貴族政治から武家政治への転換をもたらした画期的な事件であった。

② 平氏政権の性格を述べよ。

平氏政権は、貴族的性格を色濃く残す武家政権である。その性格を考える上で、次の諸点が重要である。第一に、天皇家や摂関家と姻戚関係を結んだこと、天台座主明雲を通じて山門と結んだこと、さらに、清盛が太政大臣となり、一族の多くが高位高官に任じられ、皇室・摂関家に次ぐ権門としての地位を得たことである。第二に、その経済的基盤は、史料中に見られるように、日本全体の半分に及ぶ「三十余箇国」の知行国であり、「五百余箇所」といわれた荘園だった。これらの権力基盤や経済的基盤から見る限り、平氏政権は、摂関政治や院政と似通った貴族的性格を持っている。

しかし一方では、平氏政権がそれ自身の武力を背景にしたところに、今までの貴族政権との根本的差異がある。つまり、平氏が武士階級の棟梁として、伊賀・伊勢地方の小武士団を組織し、西国の受領を歴任する間に西国武士の組織化に努め、それらの家人を荘園・国衙領において地頭とするなど、鎌倉幕府という本格的な武家政権への過渡的な性格を持っている。

4 P.108

「寿永二年十月宣旨」の歴史的意義を述べよ。

一一八〇（治承四）年の挙兵以来、鎌倉を根拠地として東国の支配権を構築してきた頼朝であったが、もともと彼の置かれた立場は流人であり、その挙兵は反乱軍としてであった。したがって、「寿永二年十月宣旨」を手に入れたことは、東山道・東海道の支配権が合法的に承認されたこととなり、東国政権は朝廷から正式に公認された政権となった。一方で東国政権が朝廷から独立したものではなく、公家政権と協調しながらその地歩を固めていくことにも注目したい。それは、安徳天皇の年号「養和」を拒否し、「治承」を使い続けた頼朝が、宣旨以後「寿永」を使い始めることからも知ることができる。

5 P.110

守護・地頭の設置が公家政権に及ぼした影響について述べよ。

一一八五（文治元）年の守護・地頭設置の勅許によって、頼朝は公的な裏付けのもとに地方武士を組織化できることになった。「寿永二年十月宣旨」ですでに東国の支配権を認められていた頼朝が、この勅許で全国政権構築の足がかりを得たのである。当初目的としていた謀叛人の追捕と兵粮米の徴収にとどまらず、全面的な荘園・国衙領支配の道を開いていくことが予想され、寺社・貴族の反発を招いたのである。九条兼実の「凡そ言語の及ぶ所にあらず」という一節は、親幕派の彼をしても許しがたい暴挙と考えざるを得なかったのであろう。その批判に頼朝も妥協し、翌一一八六年、兵粮米の徴収を停止し、地頭の設置範囲も平家没官領や、謀叛人所領に限定することになった。

6 承久の乱の歴史的意義を述べよ。 P.114

承久の乱の結果、軍事面で幕府が朝廷を圧倒することになる。さらに幕府創設以来の朝廷と幕府が行ってきた二元的支配は、北条氏を中心とする執権政治が確立し、さらに朝廷監視と西国御家人支配のために六波羅探題が設置され、政治的にも武家政権優位の段階にはいることになった。

幕府は後鳥羽上皇ら三上皇の配流に加え、仲恭天皇を廃し後堀河天皇を即位させ、皇位継承にも干渉することになった。その後も、後嵯峨天皇の即位に深く介入している。

さらに、承久の乱没収地の獲得により、西国に対する幕府の支配権が経済的にも一層強化されることになる。

7 P.116

① 武家社会における御恩と奉公の関係を説明せよ。

頼朝は、地方武士＝領主層を、主従関係の理念のもとに、御家人として封建的に組織した。この御家人制は、武士社会に発達してきた主従制と所領の恩給制との上に成立した社会的体制であった。すなわち、将軍と御家人との間には、所領を媒介とする緊密な主従関係が存在し、「御恩」すなわち所領の恩給と、その反対給付としての「奉公」すなわち忠勤義務とが、この両者を結ぶ基本的条件であった。「御恩」の内容には、御家人の所領の支配・領有を安堵（保証）されるいわゆる本領安堵と、勲功によって新たに土地を給与される新恩給与があった。一方、御家人は世襲的に将軍に隷属するのが原則で、「奉公」が義務づけられていた。その内容は騎乗の武者として合戦に参加する軍役が中心で、平時には京都大番役・鎌倉番役などのほか、恒例あるいは臨時の課役があり、それぞれ御家人の所領の広狭によって割り当てられたものである。

② 新補地頭の設置は、幕府勢力（北条氏）の伸張にいかに役立ったか。

承久の乱の結果、上皇方に味方した公家・武家の所領が多く没収され、新たな地頭職として御家人に与えられた。新補率法の適用される新補地頭の多くが、西国に置かれたことから、幕府は全国的政権としての実体を得ることになるのである。その地頭職を足がかりに、東国武士が西国に移住することも行われた。

さらに、新補地頭の設置により地頭と荘園領主などとの間に、収益の分配をめぐる紛争が激化することになる。そのため、幕府には全国的政権として公平な裁判が求められ、法的整備も進むことになる。それが御成敗式目の制定につながり、執権北条氏による御家人統制も強化される結果となる。

8 御成敗式目の対象はどのような人びとか、「式目制定の趣旨」の史料からそれを示す言葉を書き出して説明せよ。 P.118

「かなばかりをしれる物」、「武家の人」、「文盲の輩」などをあげることができる。この式目の対象は、具体的には幕府の支配下にある地方武士、すなわち、御家人であった。

9 P.122

① 守護の任務を示す語句を「御成敗式目」の史料から書き出して説明せよ。

「大番催促、謀叛・殺害人付たり夜討、強盗、山賊、海賊」

これらの守護の任務をまとめて「大犯三箇条」と呼んでいる。なお、「付たり……」の部分は、御成敗式目制定の時に付け加えられた権限である。ところで、大番催促とは京都大番役を勤仕すべき義務を負っていた御家人をその勤仕に関して統率する権限であり、その管轄下の御家人に対する軍事的な指揮統率権が守護に与えられたことを意味する。また、謀叛・殺害人とはこの両犯を犯すものに対する検断権を意味し、守護の権能の中核をなすものであった。

② 「右大将家の御時」という文句が、「御成敗式目」の史料中にしばしば見られるが、それは何を意味するか。

「右大将家」とは頼朝のことをさすが、これは、一一九〇（建久元）年、頼朝が入京して権大納言、右近衛大将（右大将）に任ぜられたことから使用されている。

式目中に見られる「右大将家の御時定め置かるる所」、「右大将家の例」は、頼朝時代の先例（頼朝の方式）に忠実に従って判断を下すという印象を受けるが、北条泰時がその政治行動の背後に頼朝の権威を利用するためのものであり、実際に行われるのが細部に至るまで頼朝の方式であったかどうかは問題ではない。大切なのはそれが、頼朝以来の幕府政治の蓄積の上に立って、それを整理し、そこに流れる政治の理念や原則を明確化し、御家人共通のものとして武士の社会に定着させ、幕府政治の根本原則になっていくことである。

③ 御成敗式目は、後世にどのような影響を与えたか。

御成敗式目制定の初めは、公家などに対する効力を考えなかったが、武家政権の成長に伴い、次第に公家側の法規（公家法）や荘園における諸規範（本所法）に影響を与えるようになった。そして室町時代に入って、公家政権が没落し、また荘園制が崩壊するに至って、式目は天下の大法としての地位を占め、やがて戦国大名の分国法の形成に際してその基本となったのである。その後の徳川政権に至るまでの武家政治における法体系を考えるとき、御成敗式目の果たした役割はきわめて大きいものであったといえよう。

なお、この式目は、室町時代には寺院で主に武士の子弟を対象に行われた教育で「庭訓往来」とともに教科書として用いられ、江戸時代にも寺子屋の教科書に使われ、多くの木版本が発行されたことも併せて注目したい。

10 地頭請が行われたのはなぜか。

P.125

荘園・国衙領内におかれた地頭と荘園領主や国司との関係は、その歴史的・地理的条件によってさまざまであった。地頭は、警察権のほかに、多くの場合、荘園・国衙領内のすべて又は一部の徴税権及び下地《したじ》管理権を有していた。荘園に置かれた地頭は本来は荘官の一種であり、年貢徴収などがその職務の一部である限り、地頭に対する職務上の支配権は荘園領主が持つのである。しかし、地頭の身分上の支配権は荘園領主になく、その任命・推薦権は幕府にあった。したがって地頭が年貢未進などの非法を働いても、荘園領主の一存では罷免できず、まず幕府や六波羅探題に訴えてその処置を待たねばならない。このように、命令系統を異にする二つの支配権が同時に一つの荘園に及んでいたため、地頭の不法に関する訴訟・争論は絶えなかった。

徴税権や下地管理権を有する地頭が、その地位を利用して、年貢を抑留《よくりゅう》したり非法濫妨を行うことが年をおって激しさを増した。地頭の年貢抑留は、水損・風損・干損などの天災を口実として行われることが多かった。中には不法に年貢を対捍《たいかん》（自ら押さえてしまって納入しない）するものもあり、しかも現地における地頭の支配権が強化するにつれてその傾向は一層高まり、荘園領主側はそのつど幕府に訴える煩わしさを時間的にも費用面でも経験しなければならなかった。また、仮に勝訴しても、遠く離れた現地で地頭を判決通りに拘束することは容易ではなかった。荘園領主は地頭と契約をして、豊作・凶作によらず毎年一定額の年貢を地頭に請け負わせる方法をとった。これが地頭請である。

11

P.126

① 地頭請と下地中分の違いを述べよ。

地頭請は年々の豊凶にかかわりなく一定の年貢を地頭が請け負うのであるから本所・領家の荘官や国司側の郷司たちが、荘園内に在住する必要がなく、地頭は一定年貢を納める以外はすべて荘園・国衙領からの収益を自己の得分となし得たのである。そして、下地進止もすべて地頭の手に委ねられるので、そこから地頭の在地領主化が進む結果も生まれたのである。

地頭請が行われる場合、幕府の口入斡旋によるものと荘園領主・国司と地頭との私契約によって成立するものとがあるが、後者の場合はその地頭の年貢を請負わせる権限は、当然荘園領主・国司側にあって、地頭が定められた年貢を完納しないときは、地頭請を停止されることになる。

このような地頭請に対して、下地中分は下地を折半するのであり、地頭はその中分した地頭分において領主権を確認されたのであるから、従来の荘官的立場から完全な一円領主へ成長し、在地領主化することになったのである。

荘園などにおける荘園領主と地頭との紛争の解決策として下地中分が行われる場合、荘園領主と地頭の談合による和与中分と荘園領主の一方的申請による幕府裁決の強制的中分があるが、いずれの場合も地頭の在地領主化という結果になる。

このように地頭請と下地中分は、地頭が荘園領主との紛争を通じて在地領主化しようとする動きの結果として起こってくる事象であり、その違いは在地における地頭勢力拡大を荘園領主がどうくい止めようとしたかの違いである。

② 地頭請や下地中分の歴史的意義を考えよ。

地頭の土地に対する権利は、荘園・国衙領体制のなかで認められていたにすぎなかったので、地頭の封建的支配の拡大は、名田の侵略も、年貢の抑留も、下地の侵略もすべて地頭の「非法」であった。この地頭の「非法」を合法化し、その支配を確立することが、鎌倉時代中・末期における在地領主層の要求であった。

一三世紀末から、下地中分が荘園領主と地頭の紛争を解決するために広く行われた。このような下地中分は在地領主（地頭など）が土地の一円的支配を進め、その土地における農民・名主を直接支配し、隷属させていく体制を確立する一画期をなすことになった。

一方、地頭請の普及は、在地領主（地頭など）の現地における支配を確立させるとともに、在地領主がまだ荘園公領制という体制と荘園領主らへの負担そのものを否定するところまできていないことを示すものであった。こうした地頭などの在地領主層が一円支配・在地支配を推し進めていく中で、地頭請・下地中分はその画期的な合法的手段となった点に意義が認められるのである。

12 蒙古襲来の理由を考えよ。

P.128

蒙古（モンゴル）襲来の理由は、ある決定的要因を求めることではなく、当時の日本と中国との関係から、いろいろな要因を複合的、段階的に考えて整理しなければならないであろう。

第一に、モンゴルの諜状の内容からすると、最初は日本を征服することよりも朝貢を求めるだけのねらいが強かったとすれば、モンゴルとしては日本を服属させることによって東アジア征服を完成させる意味があったこと。第二に、日本の金・銀・真珠などの資源の獲得に目をつけていることがマルコ＝ポーロの『世界の記述』にみられるが、日本との貿易の利益と東アジア通商圏の確保が重要な意味をもつ。第三に、日本が貿易を通じて南宋とつながり、南宋を後援し、あるいはその復興を援助することを恐れたこと。第四に、高麗を徹底的に服属させるためにも日本を服属させる必要があり、高麗が倭の海賊の脅威をモンゴルに訴えたこともその契機になっている。

フビライが日本に通商を求めた理由は以上の諸点に求められるが、幕府はこの要求に応ぜず、返書を与えなかったので、モンゴルの襲来となったのである。なお、幕府（時宗）がモンゴルの要求を拒絶したのは、次のような理由によるものと考えられる。すなわち、日本のモンゴルに関する情報は、入宋僧・来朝宋僧・貿易関係の商人など主として南宋側から得られた。当時南宋はモンゴルに圧迫され続けており、南宋にとってモンゴルは侵略者・征服者以外のなにものでもなかった。来朝した宋の禅僧の愛国主義的宗教思想の影響をうけた幕府指導者としては、当然のことながら、モンゴルの要求を拒絶したのであろう。

13 蒙古襲来に対する幕府の対策を調べよ。

P.129

モンゴルの世祖フビライは、一二六八（文永五）年国書を日本に送り、国交の開始を求めた。この国書は、表面は日本との国交の開始を要望したものであったが、実はその威力によって日本を屈従させんとするものであった。

幕府は慎重な考慮をめぐらしたが、結局、要求拒否の態度をかため、その所信を朝廷に伝えるとともに、直ちに防衛方針をたて、文永五年二月には諸国御家人に命じて戦争準備を進めさせた。

文永、弘安年間の蒙古襲来前後における幕府の防衛対策をまとめると、次の四点があげられる。

第一に、異賊防備のため異国警固番役を創設したことである。これは肥前・筑前沿岸の守備についた九州の地頭御家人の課役で、順番を定めて交代に勤仕し、そのため従来の京都警備のため上洛する大番役を免除されるものである。

また、長門の警固のため、長門・周防・安芸・備後の四か国の御家人を動員したり、北条氏一族を九州や長門の守護などに任ずることによってこの地方の御家人を統轄し、その防備体制の強化を図った。

第二に、蒙古襲来に際し、戦闘力の不足を補うために、非御家人を守護の指揮下に入れて動員し、一二七六（建治二）年には恒常的に制度化し、山陽・南海道の武士を御家人・非御家人を問わず動員して長門を警固する体制をつくった。これによって、本所一円地における非御家人に対する幕府の支配権が著しく強化される結果となった。

また、西国地方の本所領の年貢以下諸物資を徴発する権限を、幕府が外敵防衛を名目に獲得したことは、公家政権の経済的基礎に武家勢力が大きく踏み込むことになった。

第三に、海岸の防備施設を強化するため、博多湾の沿岸の筥崎《はこざき》から今津に至るまで、数里にわたって、石築地を築くことにし、その築造を九州の御家人に命じたことである。いわゆる石築地役であるが、一二七六（建治二）年頃から始められ、早いところは着工後一か年に満たない間に完成された。

第四に、幕府は石築地の築造とともに、士気を鼓舞し敵軍を徹底的に撃破するために水軍を編成し、すすんで出撃すべきことを認め、兵船の準備を整えた。一二七五（建治元）年には西国の御家人を中心に高麗遠征計画をたてたが、結局は実行されなかった。

14 ① 御家人窮乏の原因は何か。

P.131

幕府が蒙古襲来という国家の危機を切り抜けることによって、武家政権はほぼ完全に公家政権の上に立ち、全国支配を完成するが、その背後にはすでに幕府のもつ矛盾が、幕府を滅亡に導く力を育てあげていた。それは具体的には北条氏の専制化、御家人の経済的窮迫、そして御家人体制の崩壊といった歴史的事象として現れるのである。

さて、御家人窮乏の原因として、次の三点があげられる。第一に、貨幣経済の浸透によるものがある。すなわち、御家人の経済的基礎が所領＝土地にあったことはいうまでもないが、貨幣経済の進展という新しい環境は否応なしに彼らの伝統的な生活条件に変化をもたらし、彼ら御家人の貨幣支出を増大させた。自給自足経済に依存した武士＝御家人の質実な生活も、大番役や番役による京都・鎌倉での中央文化との接触を通じて、次第に奢侈となった。こうした傾向も御家人の生活が流通経済にまきこまれた結果の一つであったが、中小御家人層の多くは、父祖伝来の所領を質入れあるいは売却して、没落していったのである。

第二に、分割相続による所領の零細化がある。御家人を含めて、当時の武士階級の相続慣行は、親が男女の子に所領を分割し、惣領が庶子をはじめ一族の所領を支配していた。したがって、所領の増加がない限り世代ごとに分割を続ければ、所領は零細化し、収入が減少する結果となった。

第三に、蒙古襲来による多大の犠牲と出費の激増や恩賞の不十分さがある。つまり御家人は元軍との直接戦闘による多大の犠牲を被ったのみならず、長期にわたる異国警固番役・石築地の築造など過大な負担をおった。また、御家人が自己負担によって戦備を整えて出陣するという当時の戦争の準備のあり方も関連して、御家人の負担を増大させた。さらに、戦後の恩賞については、この合戦が通常の国内合戦と異なり、勝利は得ても戦功者に与えるべき没収地がなく、御家人層の要求には応じきれなかったから、幕府は、一二九四（永仁二）年、未解決のまま一切の恩賞を打ち切ったのである。したがって御家人が恩賞の配分を受けられないことは、戦備のために支出した費用を補うことができないことを意味する。

このような要因が重なりあって、御家人の窮乏は深刻の度を増すのである。

② 永仁の徳政令の効果と影響について述べよ。

永仁の徳政令は、北条貞時の得宗専制政治の一環として出されたものである。その要点は、①越訴の禁止、②御家人所領の入質・売買の禁止と御家人所領の無償取り戻し、③金銭貸借訴訟の不受理である。貞時がめざしたものは、御家人の所領処分権を制限し、所領関係の訴訟を減ずることであった。「徳政令」の法源となる②の後半部分は、御家人の所領処分権を制限したことの見返りとして御家人に与えたものである。

この徳政令は、御家人の反発を招き、①越訴の禁止、③金銭貸借訴訟の不受理については翌年廃止を余儀なくされた。したがって幕府の狙いは失敗であった。その中で、②の後半部分、つまり所領の無償取り戻しだけがひとり歩きし、所領の取り戻しは、一二九八（永仁六）年以降増加した。このため、「徳政担保文言」などの徳政への忌避手段がとられるなど混乱を招き、御家人保護策の側面も実効が上がらなかった。御家人の没落にも歯止めがかからず、その不満を抑えるため、さらに得宗専制体制も強化される。

15

P.132

① 悪党が鎌倉末期・南北朝時代に現れた理由を考えよ。

幕府や荘園公領制といった既成の支配体制の枠組みに対抗する武力集団として、悪党が歴史に登場してくるのは、一三世紀半ばの北条時頼執政期である。この時期には、交通の発達や貨幣経済の進展によって、従来の土地所有関係の均衡が崩れ、富の獲得をめざした様々な階層の者が悪党化していった。特に畿内地域においては、荘園領主の膝下でもあり、その影響が強く残る地域で、地頭などの在地勢力との対立が激しい地域でもあった。その中で、荘官・地頭・有力名主などが、在地支配をめざして悪党化した例も多かった。

幕府は、得宗専制化過程で悪党禁圧令を出したから、やがて悪党が反幕府勢力の一翼を担うこととなる。討幕に功績のあった楠木正成も悪党であったとの説もある。南北朝期にいたり、戦乱を乗り切るために悪党は、組織を拡大して、北朝方・南朝方に加担して合戦に参加するものも現れた。さらに、国人一揆を形成して守護に対抗する悪党も出現したが、やがて守護領国制に吸収され、その支配機構の末端に位置づけられるようになる。

② 北条氏がその専制的権力を強めるためにとった策を述べよ。

一三世紀後半にはいると、中小御家人の窮乏化、有力御家人の強大化など、御家人体制の動揺が顕著となり、一方では諸国に台頭した悪党・新興武士の動きが活発になるなど、幕府政治の動揺がみられるようになった。さらに蒙古襲来と戦後の防衛・恩賞問題や非御家人の把握の問題など、幕府は数多くの難問をかかえていた。こうした難問解決の基本策としてとられたのが、幕府権力の強化をめざした北条氏一門による専制化の途である。

北条氏の専制化の傾向は、すでに執権北条時頼の時代にみられたが、北条時宗の執権在職中に起こった蒙古襲来という大事件を乗り切る過程において、独裁的権力が北条氏の家督である得宗に集中することになった。北条氏がその専制的権力を維持・強化するためにとった基本策は、第一に、幕府の中央政治機構を北条一門で独占することであった。執権・連署・六波羅探題などの重職はもちろん、評定衆・引付衆を独占したのである。特に評定衆については、その新設当時北条氏は一人も加わっていなかったが、蒙古襲来の前後には北条一門が四割をこえ、その後も増加していったのである。

第二に、地方政治機構とくに守護職に一門を配置し、全国支配権を北条氏で握ることであった。北条氏一門を守護に任用する傾向は、すでに承久の乱以前からみられたが、宝治合戦や霜月騒動により、三浦・安達という頼朝以来の名族の滅亡にともなって、その守護職はほとんど北条氏の手中に入ったし、時宗の時代には蒙古襲来に名をかりて、中国・九州地域の守護職を奪い、さらに近畿の要国の守護をも一門で独占していったのである。こうして北条氏一門の守護職は、元弘末年には三〇という数となり、全国の半数近くに達したのである。

第三に、時宗の時代、執権政治の合議体制は著しく形式化し、無力化した。すなわち、執権・連署のもとで評定衆が重要政務を合議裁決するという方式が行われなくなり、時宗がその私邸において彼の外戚や評定衆中の一部要人あるいは得宗被官の代表的人物などを集めて行う「寄合」の席で、幕政上の重要決定がなされるようになって、幕府の公的制度外の私的な会合である寄合が、幕政上重要な役割を果たしたのである。このように、評定から寄合へという方式の中に、北条得宗への権力集中が進められたといえる。

また、北条得宗専制の基盤となり、それを支えた勢力は、当時御内・御内人と呼ばれた得宗被官の一群であった。彼らは北条氏の権威を背景に、次第に侍所など幕府の政治機構の中枢に入り込むようになり、隠然たる政治勢力を形成するに至ったのである。

16 農民は二重に支配されている。そのことを説明せよ。

P.134

鎌倉初期のほとんどの荘園は、名田によって構成され、この名田が一般に年貢収納の単位となっていた。名主はそれぞれの名田に対する年貢を名田を耕作する作人に賦課し、これを荘官に納入するのである。このように、荘園領主が荘官を通じて名主層を支配していたが、そこに幕府による地頭補任が行われたため、荘園内の農村は荘園領主（荘官）と地頭との二重支配のもとに置かれることになった。名主・作人・名子下人などの階層に分けられる農民は、総体的に苛酷な年貢のほかに地頭役を負担し、牛馬や耕地を奪われるといった非法濫妨をも甘受しなければならなかった。

なお、当時の農民の負担として次のものがあげられる。第一は荘園領主に対する負担で、年貢・公事・夫役があり、第二に地頭に対する負担がある。その多くは労働力であるが、例えば地頭の佃・給田などの耕作や、地頭の京都大番役・鎌倉番役の際に京上夫・鎌倉夫などの名目で駆り出されたり、その他「要用に随」って一般の雑事に不定期・無制限に武力的強制によって使役されたのである。

17 鎌倉中期における技術の発展や生産力の向上は、畿内の農村にどのような変化をもたらしたか。

P.135

農業生産力の向上、経済の発展は、畿内などの先進地において農民の成長をもたらした。すなわち、作人などの小農民が名主に成長したり、それまで名主に隷属していた下人・所従が独立して小農民や新たな名主となる現象が現れたことである。そして鎌倉末期から南北朝期にみられる惣村成立の前提となる点に注目する必要がある。

18 親鸞の悪人正機説について説明せよ。

P.137

親鸞によれば、弥陀の本願に帰依することにより善人・悪人を問わず、煩悩の心を選ぶことなく、往生は必ずできるという立場であった。弥陀の本願は老若・善悪・貴賤を差別せず、ただ信心の有無だけが問題であった。というのは、本願は、元来、罪悪深重の衆生を助けるために立てられたもので、本願を信じさえすれば他の善も不要であり、いかなる生殺などの悪も心配することはない。しかもその善悪は各人の意志によって為し得るものではなく、前世の宿業によるものであり、弥陀の本願を心から信じきれぬ善人ですら窮極においては極楽に往生できるのだから、本願をひたすら信ずる悪人が救われるのは当然であるとしたのである。

19 日蓮は、災難から救済されるためにはどうすべきだと考えていたか。

P.139

鎌倉中期、執権政治が確立して北条氏の専制的権力が強化され始めた時期は、武家社会での内部対立と抗争が現れてくる時期であり、大地震・飢饉といった天変地異や疫病などが民衆の不安をかきたてていた時期でもあった。

日蓮は、この天災や社会不安から人々を救済してくれるのは、宇宙の真理が凝縮されている法華経であると考え、沈滞していた法華信仰を興隆させようとした。と同時に「念仏無間・禅天魔・真言亡国・律国賊」という四箇格言を他宗に浴びせ激しく排撃した。

20

① 栄西と道元との布教の違いを述べよ。

P.140

栄西は一一九一（建久二）年に宋から帰朝し、さかんに臨済禅を唱えた。これに対して比叡山の天台衆徒の圧迫がはなはだしく、激しい妨害を加えるに至った。この誹難を排せんがため「興禅護国論」を著したが、容《い》れられず、難をさけて鎌倉に下った栄西は、幕府の庇護のもとに将軍頼家や政子の帰依を受け、禅の弘通をはかったが、彼はその教義が急速に理解されないと察したためか、旧来の加持祈禱にも随い、純然たる禅僧としての態度をとらなかった。しかし、臨済宗は、鎌倉に新政権を樹立して、文化的にも公家から独立したものを持たんとした関東武士の受容するところとなって、興隆したのである。

これに対し、道元は、宋において天童山の如浄から厳格な曹洞禅を学んで、一二二七（嘉禄三）年に帰朝した。しばらく建仁寺に住んだが、一二三三（貞永二）年、京都の深草に隠居し、専心禅の修養につとめた。やがて越前の永平寺に入り、敢えて権貴に接近せず志のあるものを一人でも二人でも得道せしめるのを旨とし、積極的な布教をせず、密教と妥協せず、純粋に宋風の禅を守ったため、その教えは地道に広まっていった。

なお、禅宗の厳しい修業態度は、鎌倉時代の武士の気風と合い、臨済宗は主に京・鎌倉などの上級武士に、曹洞宗は地方武士の間に広まっていった。

② 道元が最も強調したものを、「道元の思想」の史料から書き出して説明せよ。

「只管打坐」である。すなわち、道元は、坐禅こそ仏法の正門であるとし、坐禅以外の諸行は悟りに至る一つの方便ではあっても、仏法の真訣ではあり得ないと説き、他の一切の諸行をしりぞけ、坐禅に専念すべきことを提唱している。このように道元は、只管打坐による参禅第一を標榜し、当代宋朝風の純粋禅を守り抜こうとしたのである。

21

慈円の歴史観とその背景にある思想について述べよ。

P.141

鎌倉時代の学問の領域で注目すべきものは、歴史意識の発達である。すなわち、「愚管抄」のような歴史哲学的色彩の強い歴史書が生まれたのは、平安末期の内乱と鎌倉幕府の成立によって、貴族層が歴史に対する根本的省察にせまられたからである。

その著者である慈円は、一一五五（久寿二）年、関白藤原忠通の子として生まれ、源頼朝挙兵のとき三九歳、一一九一（建久二）年以来四度にわたって天台座主の要職につき、六七歳のときに承久の乱を体験した。彼は、その一生を通じて、貴族政権の急速な没落という現実に対決していたのである。したがって彼は、愚管抄を著すことによって、当時の政治社会の動きを公家の立場から批判し、貴族政治の正当性を極力主張しようとしたのである。

愚管抄は神武天皇から承久の乱に及ぶ歴史を概論したものであるが、その歴史観の根底をなすものは、仏教思想における末法観であり、歴史の過程を「ウツリ行ク世」と「作リカフル道理」との関連、すなわち自然と人為との合一と見て、これを仏法における自然のままの姿で眺めることが、その根本の史観であった。

慈円はこの史観によって武家政権の成立を歴史の堕落と見る立場にたちながら、時勢の転変盛衰の根底にある道理の存在を強調する。彼のいう道理とは、仏教の因果の理であり、さらに道徳律や摂理のような内容も含んでいて、世の下るとともに道理もまた衰えていくと考えられるものであった。また、その道理とは「世をまもり、人をまもる」道理であったが、その世といい人というのは、貴族社会であり、その社会の人びとであった。愚管抄において繰り返される「道理」の強調は、失われていく公家政治の権力と没落していく貴族社会の擁護にほかならず、また、かつての貴族階級の支配的地位の合理化・正当化であった。したがって、そこには藤原氏の全盛時代への憧憬と門閥の尊重が顕著にみられるのである。

しかし、一方で慈円は、武士階級の政治的進出を末法の世の現出として攻撃するものの、現実に進みゆく歴史の動きを無視することはできず、そのため武家の棟梁たる源頼朝の政治的地位を肯定し、頼朝の行為を是認するという妥協的な態度もとらざるを得なかったのである。

第5章　武家社会の展開

1　後醍醐天皇の新政の理想を述べよ。

P.144

鎌倉幕府の滅亡後、京都に帰った後醍醐天皇は新政を開始した。後醍醐天皇は、摂関政治以前の「延喜・天暦の治」を再現することを新政の理想としていた。醍醐天皇を追慕して、自ら諡《おくりな》を後醍醐と定めたところにも端的に表現されている。具体的には、院政・摂関・幕府などを廃した天皇親政をめざし、綸旨万能主義をもって徹底した天皇独裁制を指向していた。それは、宋朝型独裁国家をモデルにしていたのだという説のほか、封建王政を意図したものだとする見解も出されている。

しかし、武家政権が積み上げてきた現実に直面する中で、守護・国司の併置や、陸奥・鎌倉将軍府の設置、雑訴決断所への公家・武家官僚の採用などを行った。その意味では、公武一統の体制をめざしていたとも言えよう。この公武一統の構想は、皮肉にも後醍醐と敵対した室町幕府によって、その三代将軍義満時代に完成したと考えられている。

2　南北朝の動乱が長期に及んだ理由を述べよ。

P.153

一三三六（建武三）年以来、約半世紀にわたって室町幕府・北朝勢力と南朝勢力との対立抗争を軸に、武士階級のみならず農民諸層までをまきこんだ南北朝の動乱が本格的に展開した。

内乱の経過をみると、南朝は、当初、後醍醐天皇が中心となり、諸皇子・諸将を地方に分遣して軍事拠点を固め、積極的な反抗を続けたので、内乱はこの時期に最も激化したが、一三三八（延元三・建武五）年に新田義貞の北国勢力が潰滅し、同年には北畠顕家の率いる奥州軍の敗北、四三年の北畠親房による東国経略の破局は、南朝勢力の敗北を確定的なものとした。この間、三九（延元四・暦応二）年に後醍醐天皇が没すると、以後の南朝方の勢力は、局地的なものにすぎなくなり、大勢を変化させることなく、次第に衰亡の一途をたどった。

このような情況にあって、幕府・北朝勢力が南朝を軍事的に制圧できず、この動乱を長期化させた理由は、第一に、主として武家側の内部事情にあるといえる。すなわち、高師直の足利直義追放のためのクーデターに端を発し、一三五〇（正平五・観応元）年における直義の反撃・師直の滅亡、その後の尊氏と直義両派の戦闘、直義の毒殺に至るまでのいわゆる観応の擾乱という幕府中枢の分裂・抗争であった。この事件は、幕府内における公家・寺社などの旧勢力に対する政策をめぐっての対立であった。尊氏の執事であった師直は、将軍命令の下達権・軍事指揮権・恩賞給与権などを掌握し、恩賞給与権をテコとして所領拡大を願う畿内近国の旧非御家人・荘官・悪党的な在地領主層をその支配下に入れ、独自の軍事力を形成し、彼らの激しい所領獲得要求につきあげられて、公家・寺社に対して侵略的・否定的な政策を推し進めねばならなかった。この急進的な政策を遂行する師直に対して、足利直義は裁判権を中心とする統治権的諸権限を持ち、その配下は足利一門及びその被官と鎌倉幕府の法曹官僚家出身者などの鎌倉以来の有力御家人で、東国に本領を持つ伝統的な豪族層であった。したがって、彼らは支配領域内の紛争を調停し、秩序の維持をめざしていたから、直義の施策も公家・寺社の所領に対して温和な漸進主義の道を選ばざるを得ず、結果的に在地領主層の期待を裏切り、その対立を深めることになった。こうした幕府中枢部の決定的分裂は、南朝に延命の条件を与えたのである。

第二に、各国守護の去就定まらぬ動向にあった。この時代の守護は頻々と交替したが、それは各国内で守護職を争う有力武士がそれぞれ尊氏・師直派や直義派といった幕府上層部の一方と結んで対立者を倒したり、幕府に反旗を翻えして南朝に投降し、その立場を正当化して領国内における支配権を握ろうとつとめた結果であった。しかも、守護自体が独自に領国内に一定の足場を築かなければ国人層のつきあげで存続し得ない位置にあり、さらに領国内の支配をめぐる荘園領主との対立もあったのである。

第三に、地方における中小国人領主層の動向とも深く関連する。すなわち、鎌倉幕府の滅亡とともに武士社会における血縁関係による結合である惣領制的秩序が崩壊した結果、国人層は自らの力で地域的な所領支配を実現し、独自の領主的成長をめざして、地縁的な一揆や党を形成し、近隣の国人相互の対立や一族内部の惣領と庶子との抗争、さらには守護による抑圧に対抗したのである。一方、鎌倉後期以来独立性を強めてきた小農民が有力名主とともに村を結成し、惣を形成して年貢の減免や夫役の拒否、さらには代官の改替などを要求する動きを示し、その実現のために逃散などを含む集団行動を激化させている。このような農民の動向も、在地を混乱させ国人層の在地支配を不安定にしたのである。

こうした困難な条件のもとで国人領主層は、幕府上層部の分裂や守護層の対抗関係と深いかかわりをもち、複雑な行動をとったのである。したがって、守護がこの国人層の被官化を進め、幕府から公認・拡大された守護権をテコとして領国支配を固めるまで、内乱状態が続いたのである。

3 P.158

① 鎌倉時代と室町時代の武士の荘園侵略のしかたをまとめよ。

武士による荘園侵略は種々の形態をとって現れるが、その主役は、鎌倉期にあっては地頭、室町期にあっては守護であった。それは荘園領主との対立抗争の中で荘園を侵略して、地頭は地頭領主制を展開し、守護は守護領国制を推し進めるからであった。

鎌倉中期頃から地頭の封建領主化の動きが顕著になるが、それは農民を直接に把握し、荘園領主の支配力を排除せんとする動向であり、現象的には地頭による荘園侵略として現れる。すなわち、下地管理権や徴税権を持つ地頭が、その地位を利用して年貢を抑留したり、非法濫妨を行ったりすることは、幕府の禁制にもかかわらず年をおって甚だしくなっていった。そして荘園内における地頭の実質的な支配権が拡大するにつれて、荘園領主と地頭との紛争が頻発したのである。その紛争の解決策として地頭請や下地中分の方法がとられたが、これらが地頭の荘園侵略に大きな役割を果たしたのである。さらに地頭請では、結果的に地頭がその武力的背景をたのんで荘園領主との契約を破ることになる例が多くみられた。また、下地中分も地頭による在地領主化を法的に確認したにすぎず、地頭の領主化は、下地中分が行われた処と否とを問わず、各地の荘園で例外なく進行していたのである。

室町期に入ると、守護による荘園侵略を推し進めるのに大きな力となったものに、室町幕府のつくった半済制度がある。年貢の折半が土地の折半になり、臨時のものから永続的な制度に代わって、結果的には下地中分と区別し難いものとなった。半済に手がかりを得た守護の荘園侵略は盛んとなり、守護による一円領有地確立に大きな役割を果たしたのである。また、守護の一円支配化は、領国内の荘園に対する段銭などの課税によって進められた。そして、荘園領主が守護の実力による侵略を防ぐことができなくなると守護請が始まり、それは最も有利な荘園侵略の手段となった。守護請を通じて守護の所領拡大が進行し、それに伴って荘園の崩壊は急速の度を加えるのである。

なお、鎌倉末期には「悪党」による荘園侵略も、荘園領主や幕府に大きな動揺を与えたのであった。また、南北朝動乱期に顕著にみられる「国人」などの武士は、地方における在地支配者としての主体性を保ちながら、彼らの要求に応じ得る実力のある守護に対しては、これを支持し、その被官になり、一方では荘園侵略を進めた。守護は、これら被官化した国人層を通して荘園の支配権を握り、守護領国制を展開していったのである。

② 守護と守護大名の違いを述べよ。

鎌倉時代の守護は、国ごとに一人ずつ置かれ、その権限は大犯三箇条といわれる大番催促と謀叛人・殺害人の検断に、御成敗式目で新たに付け加えられた夜討・強盗・山賊・海賊の追捕に限られ、総じていえば管国内の治安維持と御家人の軍事指揮が任務であった。将軍との関係でいえば、基本はあくまで御家人と呼ばれる地頭層であって、守護と地頭との関係は限られた範囲の事柄にとどまっていたといえよう。

鎌倉末から南北朝にかけての動乱期を境に、守護の権限と実力は大幅に拡大した。法制面でいえば、苅田狼籍の検断や、判決の強制執行権ともいえる使節遵行権が新たに守護の権限とされ、管下の御家人との関係でいえば、半済分を武士に配分する権限、敵方へついたなどの理由で没収した所領である闕所地の一時的給与権などが守護に与えられた。一方、守護は、従来の国衙の機能や国衙領を吸収ないしは再組織して、地方行政官的性格を強めていった。

軍事面・行政面など、各方面にわたるこのような守護の権限拡大は、初期とは異なる一円領主化した守護を生み出していった。これを守護大名と呼び、南北朝動乱期をもって守護大名の展開期と考えるのである。

4 「応仁の乱」の史料を読んで、義政の失政を簡単にまとめよ。 P.160

『応仁記』の掲載部分は三つの部分から成り立っている。前段は応仁の乱の原因となった義政時代の政治の乱れを、中段は幕府財政収入の一つである土倉役の過重な賦課について、後段は応仁の乱による京都の衰徴を述べている。義政の失政はこの前段と中段の部分に記されており、それは次の二点にまとめられる。

第一は、義政が幕府政治を有能な管領に任せず、夫人の日野富子をはじめとする女性や側近の奸臣・禅僧などとの評定によって決定し、不公平な裁判や賄賂政治を行ったこと。第二に、幕府の重要な財源の一つとなった土倉役は、義満の時代には年に四回であったものが、義教の時代には年に一二度、この義政の時代に入ると激増して、大嘗会のあった一一月は九度、一二月は八度となっていること。それに加えて借金の破棄を意味する徳政が頻発され、義政の時代には一三度も行われたとされ、これにより京都における土倉が衰退していったことなどである。

5 P.164

① 国一揆とは何か。

国一揆とは、国人や地侍が農民たちと連合して、守護大名の領国支配に対抗する形で一揆を結んだものである。鎌倉時代の地頭や荘官の流れをくむ国人を中心として、有力農民層から支配身分へ上昇をめざす地侍層が荘園の枠をこえて、一郡・一国的規模（惣国）で団結することが多かった。

国人たちは、守護大名らの支配の排除という目的で、利害をともにする農民と同一の行動をとった。しかし、守護排除の目的が達成したのちは、国人同士の反目や、支配を強化しようとする国人層と農民との対立を招き、国一揆は崩壊の途をたどることが多い。

② 山城の国一揆は、なぜ一〇年たらずで崩壊していったか。

山城の国一揆は、農民と結んだ国人の戦いが、守護を国外へ退却させるという点で最も大きな成果をあげた例である。応仁の乱後、戦乱は地方へ広がり、山城南部・河内・大和では畠山政長と義就の争いが引き続き行われていたが、一四八五（文明一七）年一〇月、両軍は山城南部に大軍を集結させて対戦を始め、農民から人夫・夫銭を徴発し民家を焼き、多くの被害を与えた。このような守護勢力に対抗するため、一二月、一五、六歳から六〇歳の山城の国人が集合して対策を協議し、両軍の山城からの撤退・寺社本所領の旧領主による直務・新関不立の三カ条を決議し、交渉に成功した。以後山城は「国人悉皆成敗」する国となり、翌年二月にも宇治の平等院に集合して軍事・警察・租税に関する掟を定め、寺社本所領の年貢の半済分をその費用とした。この国一揆は、三六人衆という国人に指導され、月行事を選出して決議の執行を行うなど、自治体制を整えている。一四九三（明応二）年まで八年にわたってこの自治体制は継続した。このように山城の国一揆は、はなばなしい勝利であった。しかし、山城国の自治といっても村落の領主化した国人層の自治であり、国人の多くは細川政元の被官であった。国人は農民を足場にその代表として守護に国外退去を要求することができたのであるが、自治の過程を通じて国人が領主として農民を支配しようという性格が表面化し、国人層の間で勢力争いを演じ、ついにふたたび守護を引き入れて、八年間続いた自治は崩壊したのである。

6 ①一向一揆が起こった理由を述べよ。

P.165

応仁の乱以降、浄土真宗（一向宗）本願寺門徒による一向一揆が各地に発生し、戦国大名の支配にとっては分国成立の鍵をにぎる大きな問題となっていた。本願寺八世蓮如の布教とそれを受け入れる惣結合の展開とがからみあって、近畿・北陸・東海の農村に一向宗が浸透していった。門徒たちは村の道場を集会の場としたが、この道場主は地侍・有力名主層などであり、彼らは惣の指導者でもあった。それらを把握することによって一向宗は深く広く農村内部に浸透し、一揆の際の数万といわれる軍事編成を可能にしたのである。一向一揆には本願寺教団の団結を借りた国一揆ともいうべき性格が強くみられたが、農民とともに戦った国人は真の農民の味方というわけではなく、彼らは組織された門徒農民の反守護のエネルギーを利用して、彼ら自身が守護化しようとしたのである。一向宗の側も農民と守護大名を利用して教団の拡張をはかる事情にあり、守護大名が一向宗に攻撃の手をのばしたときに反抗し戦ったのである。

②一向一揆の結果、加賀国の支配体制はどうなったか。

加賀の一向一揆は、応仁の乱を契機に起こった。一四七四（文明六）年七月、東軍の富樫政親と西軍の富樫幸千代の兄弟の対立と本願寺門徒対高田派門徒、そのほか国人層の対立という形で一向一揆が始まり、同年一〇月、幸千代が敗れても土民蜂起はやまず、門徒農民の年貢違乱は激化する一方であった。このため富樫政親は共に戦った門徒農民の弾圧に転じ、翌年蓮如が畿内に去ると門徒は、本願寺からも東軍からも離れて独自の行動をとるにいたった。すなわち一四八七（長享元）年には富樫政親の過重な守護役をはねのけ、さらに富樫泰高を守護職におし立て、翌年政親と戦って自殺させた。

このように一向一揆は応仁の乱との関連で起こり、真宗高田派との抗争という宗教戦争の形をとりながらも、守護の課役・年貢の減免を実現させようとする土一揆的性格がその根底にあったと説かれているし、また、一向一揆を指導したのは門徒化した国人と有力末寺の坊主であり、富樫氏の滅亡後は加賀国は国人と坊主の合議による支配が約一〇〇年にわたって続くことから、国一揆的性格の強い一揆とも説かれるのである。

富樫氏滅亡後の加賀国は、本願寺の分国として本願寺の一家衆・坊主や国人が支配するのである。その支配権の内容は次のようである。すなわち、本願寺は加賀国の行政権を持ち訴訟を裁決し、死刑を含む検断権を国人・百姓・町人に行使する。また、一家衆・国人などの所領を安堵・没収する権限を持ち、本所領家の依頼に応じて年貢所当の納付を村々に命じ、郡・組・村・講などを単位として年貢・勧進物を徴収し、寺や門徒団には御堂の当番を割り当て、戦時には軍役として本願寺軍の主体とする。さらに本願寺・御坊の堂舎建立のために夫役や資材・費用を提供させるなど、守護大名の領国支配に類似した領主権を持っていた。

また、その支配体制も郷村を単位とする講・組の組織を持ち、名主層出身の道場坊主がその中核となった。その上に地方的中心として一家衆の寺院があり、それらが中央の本願寺に統制される体制を持っていたのである。

7 惣村の特徴を考えよ。

P.167

惣村の特徴として第一に、惣村が宮座という村の祭祀組織を結合の基盤としていたこと、第二に、惣村は生産や生活を行う社会的な単位であり、山野や用水路などを共同管理することによって構成員の安定をもたらしたこと、第三に、惣村が領主と契約し年貢納入を村単位で請け負う地下請（百姓請）を行っていたことがあげられる。また、第四として、惣村が寄合の決定に従い、長・沙汰人など指導者によって運営され、自ら惣掟（村掟・地下掟）を定め、警察権や裁判権を行使したこと（自検断）があげられる。さらに第五に、惣村は、住民が荘園領主の年貢増徴に反対したり、不法代官や荘官の罷免を求めて一揆を結び、強訴・逃散を行ったり、近隣の村々との交渉主体となるような組織であったことである。

8 この時期成立した惣村は近世の村へとどのように変化するか。それぞれの違いや共通する部分を説明せよ。

P.168

鎌倉時代の村は、荘園・郷保（公領）という支配単位ごとに形成され、構成員の名主に在地支配権はなかった。室町時代、荘園・郷保内の自然集落をもとに誕生した惣村の構成員は、名主に加え支配層である地侍や新たに成長した小農民も含み、惣掟をつくって自検断を行うなど、在地支配権を持っていた。その後、太閤検地において重層的な作合が禁止され、一地一作人制によって、江戸時代の農村は比較的均質な本百姓によって運営されることとなる。兵農分離により、惣村を指導してきた地侍層には、武士身分を獲得して村を離れる者や、庄屋などとして村役を務める者もいた。惣村が持っていた自検断など自力救済の仕組みは失われ、刀狩りによって武力も削がれることになった。

一方、中世後期に生まれた村は、近世においても百姓の生産・生活の場となるとともに、太閤検地における村切などを通じて村の境界が画定し、村単位で検地帳が作成されて年貢徴収をはじめとする支配・行政単位となった。また地下請の仕組みは、江戸時代の年貢徴収の方式である村請制に引き継がれ、寄合など自治的な村の運営方式は継続することとなる。

9 ① 徳政とは、どういうことか。

P.169

徳政とは本来、仁政・徳政の意味であり、古代より行われていたが、その内容は、凶作や飢饉や疫病が為政者のせいであるとして、租税を減免することが中心であった。また、あるべき姿からの逸脱を本来の姿に戻すことも意味したから、中世において徳政は、売買・質入りされた土地の無償還付と貸借の破棄をあらわすようになった。鎌倉中・末期には、貨幣経済の進展により弱小御家人は窮乏化し、幕府体制を動揺させることになったので、御家人救済のための徳政令を発布することになる。室町時代には、貨幣経済の進展により没落した り、酒屋・土倉などの高利貸に借財を負ったりした農民たちが、惣を舞台に徳政を要求して立ち上がるようになり、徳政一揆と呼ばれた。実力行使により自ら私徳政を行うこともあった。

幕府もそれを利用し、負債を破棄する際には分一銭とよばれる手数料をとったり（分一徳政令）、逆に債権者から分一銭を出させて、徳政令を免除する（分一徳政禁制）などを案出したりして、幕府の収入増を図った。

② 土一揆の多発地帯は、どの地域か。また、それはなぜか。

土一揆が頻発する社会的背景は、鎌倉末期から南北朝期ごろ生産力の発展による小農民の独立が広汎になり、惣と呼ばれる村落の自治組織が成立するところにある。このような惣村は主として畿内やその周辺部で発展したが、これが土一揆の基盤となったのである。

土一揆が畿内やその周辺部に多発するのは、第一に、この地域で惣村の発展がめざましかったこと、および、惣村結合が進行していたこと、第二に、この地方は荘園領主の支配が根強く残り、また、幕府もわずかに残された勢力圏であるこの地方に賦課を多くしたため、農民が二重・三重の負担に苦しんだこと、第三に、貨幣経済進展の中で、荘園領主から年貢を受け継いだ土倉が、農民から厳しく搾取したことによって、農民の不満が爆発したからであった。

10 撰銭令の出された背景について述べよ。

P.172

商品経済の進展に伴って、鎌倉・室町期に貨幣の流通量が増大したが、日本では本朝（皇朝）十二銭以後長く銭貨が鋳造されず、唐銭・宋銭などの輸入銭に頼っていた。日明貿易により、永楽通宝などの明銭が大量に輸入され、標準的貨幣となったが、絶対量では不足し中国からの私鋳銭や国内で製造された悪銭も流通した。精銭と悪銭の撰り分けや交換比率が自然に市場の手で決められるようになり、撰銭と呼ばれたが、それを嫌った室町幕府から一五〇〇年以降出されたのが撰銭令である。室町幕府の撰銭令は輸入銭を広く使用させることで、貨幣流通量の増大をはかるとともに、自らの財源とする日明貿易の利益を守る目的もあった。また戦国大名の撰銭令でも、市場では悪銭通用を命じておきながら貢納では精銭を上納させるなど、為政者の利益がその発令の意図の中心となっている。

11

① 座の組織を説明せよ。

P.173

座は鎌倉・室町時代に主として朝廷及び寺社を本所とする特権的な同業組合組織であり、その種類も手工業・交通業・商業をはじめ芸能などをも含む多くの職業にわたって組織された。座の組織は、原則として、次のように考えてよいであろう。すなわち、第一に、公家・寺社・幕府などを本所とし、その保護を受け特権を付与された座が本所に奉仕する関係を基本とする。第二に、座の構成員を座衆と呼び、その数は都市の座は多いが一般的には一〇人内外であり、座の統率者は座頭・オトナなどと呼ばれている。第三に、本所が座に与える保護や特権は、商品の仕入れや販売に関する独占権や座衆が営業税・市場税・関銭など種々の課税を免除されて自由な営利活動を保証されていたことであった。これに対して、第四に、座衆は本所に種々の貢納や労役を奉仕する座役を負担するのである。

② 座が発達した社会的背景を考えよ。

律令制の解体過程で公民や雑戸・品部が個々の公家・寺社などの荘園領主に隷属するようになったとき、特殊な農産物や手工業製品の貢納または労役奉仕を義務として隷属したものがあった。供御人・寄人・神人などといわれた者がこれである。やがて彼らは、その方面での専門職人としての地歩をかため一般にも販売する商人となり、平安末期にはその集団が現れた。これが商工業の座の成立であり、鎌倉時代にその活動がいっそう活発となり、つぎの室町時代には従来の本座のほかに新座がおこって、互いに利権を争うほどの隆盛をみるに至り全盛期を迎えた。

このように座が発達した社会的背景としては、第一に、農業生産や手工業生産など商品生産の向上に伴って商品流通が増大し、商品貨幣経済が進展したことにある。すなわち、都市においては、以前からの座の商人たちが宮司や公家・寺社など荘園領主との結びつきを保ち、彼らの生産物や商品の最大の顧客とする一方、以前からの商工業活動における種々の特権を保護され、奉仕的な関係を保っていた。商品流通経済が発達して座の特権が営業上著しく有利なことが明らかになると、南北朝頃から営業上の特権獲得や課税免除などを目的として多くの商工業者が座に加入し、新座を結成したこともあって、座が著しく発展したのである。一方、農村においても、商業取引に有利な立地条件にあった農民は、村落の宮座や惣村的農民結合を土台にして、地方市場商業や行商において商人として活躍するようになり、この場合、彼らは荘園領主との間に保護（特権の付与）と奉仕（貢納）の関係を結んで座を組織し発達させるものが多くなり、独占権を得ることによって発展するのである。

第二に、公家・寺社など荘園領主が、その経済的基盤であった荘園を武士に侵略されていったことである。これら荘園領主は、荘園が次第に失われていくという経済的困窮化のなかで、荘園からの年貢収入に代わる新しい財源として進んで座を結成させ、商工業者に保護を加えて現物・貨幣による課役を徴収しようとしたのである。

12

① 堺が発展した理由は何か。

P.176

堺は南荘・北荘という領主を異にする二つの集落の合体した地域で、一四世紀中頃から港湾都市として成長を始め、南北朝争乱の際は南北朝両勢力の争奪点となった。一五世紀に入ると、商品貨幣経済の発達に伴い、瀬戸内海商業ルートの枢要に位置する商業港として繁栄し、富の蓄積が進むとともに自治的結合も強まり、南北二つの荘は連合して惣町を形成するに至った。また、領主に対しても地下請の権利を獲得して、直接支配を排除する態度を整えていった。

応仁の乱後、細川氏が対明貿易を握り、堺を貿易の基地としてから、堺は海外貿易で蓄積された商業資本が急に増大した。「自由都市」と呼ばれて注目される堺の独立性も、こうした富の蓄積の上に実現されたものである。

②　堺の市政は、どのように行われたか。

「ベニスのごとく執政官により治められる」と宣教師によって報告された堺の市政は、会合衆といわれる三六人の門閥的豪商によって動かされていた。

もともと堺は、一四一三（応永二〇）年ごろから租税を請け負っており、住民から屋地子七三〇貫文を領主に納入することによって自治を認められていた。この自治組織として、一四八四（文明一六）年頃に会合衆が設けられ、一〇人が定員で鎮守の三村宮の祭礼をはじめ、市政一般が運営されていた。その後、会合衆の人数は、堺の発展による人口の増加などによって、三六人が定員となった。この会合衆の会議場には、公民館的な町寄合場が設立されており、永禄年間になると堺は南北両町の行政区域に分けられ、会合衆の下に属する両町の町代や町衆・町年寄も存在し、自治組織が整備されていたといわれる。しかし、堺の富は戦国大名のねらうところとなり、畠山・細川・三好・松永らの争奪の場となる危険を内包していた。市街の南北東の三方に濠をつくり防壁で囲み、出入口に木戸を設け、傭兵隊をもって武装するなどの自衛の態勢を整えていた。戦乱のなかにあって、堺の街に平和が保たれたのもそのためであった。

13　勘合貿易の推移をまとめよ。

P.178

勘合貿易は、足利義満の国書に対する明の応答から始まった。一四〇一年、義満は、僧祖阿・博多の商人肥富を明に派遣して貿易の開始を交渉し、一四〇四年明から勘合が交付されて、正式貿易が開かれた。以後一四一〇年までに六回、約六〇隻の貿易船が幕府の直接監督下に派遣されたが、これは、大商人の資力を利用して、幕府・寺社・大名が経営したのである。一四一一年、足利義持は、勘合貿易における「日本国王臣源」で有名な上表文を用いる朝貢形式を国辱であるとして、貿易を中断した。

そして、幕府財政が逼迫《ひっぱく》した一四三二年、足利義教は実利主義をとり貿易を再開した。貿易船は実質的に大商人の請け負いが多く、輸入税として彼らから輸入品の国内売価の一〇分の一を徴収する抽分銭は、幕府や大名・寺社の重要な財源となった。応仁の乱が勃発し戦国の争乱期に入ると、貿易船の経営は幕府の手から離れ、堺商人と結んだ細川氏と、博多商人と結んだ大内氏という有力大名の間で、その主導権が争われた。一五二三年、応仁の乱の影響もあり両氏の貿易船が明の寧波で衝突する寧波の乱が起こった。この結果、大内氏が明との貿易を独占した。一四三二年の貿易再開以来、一五四七年の最後の貿易船まで一一回にわたって五〇隻が派遣されたが、明の事情とあいまって、大内氏の滅亡とともに勘合貿易は終わりをつげた。

14　一向一揆に対する蓮如の態度を述べよ。

P.180

一向宗本願寺は、もとは親鸞の遺骨と影像を安置した場所で、親鸞の遺族が管理していたが、親鸞の方針に基づき教団も組織せず、寺領もなく微々たる存在にすぎなかった。南北朝時代に三世門跡となった覚如は、本願寺を中心とする教団をつくりあげる運動を進めたが、本願寺教団の真の発展は、一五世紀後半、八世法主となった蓮如のときであった。蓮如は「御文」を門徒に送って教義をやさしく説いたので、それによって農民の門徒化するものが急増した。彼らはその地の真宗道場を中心に講を組織し、信仰を深め語り合った。講による組織は真宗発展の基盤となった。しかし、京都を中心とする蓮如の布教活動は、叡山の攻撃を受けるに至り、蓮如は近江にのがれ、さらに一四七一（文明三）年、越前国吉崎に拠点を移した。北陸において蓮如は多くの村々を一村の年寄（有力名主層）と坊主を門徒に獲得することにより、一村ぐるみ門徒化することに成功した。同時にこれまで組織を持たなかった農民は、門徒として結合することにより、統一した行動をもって守護や領主に反抗するに至った。

しかし、蓮如は守護の命を守ることや、公事を全うすることを「御文」によって訴えて、一揆的行動に出るのをおさえる立場をとった。蓮如は教団の組織者ではあったが、一揆の指導者ではなかった。一四七五（文明七）年、吉崎を去ったのもそのためであった。

15 連歌の歴史を簡潔に述べよ。

P.181

連歌は、短歌の上・下句の唱和問答からなるもので、「万葉集」の時代からすでに見られ、平安貴族の知的な言葉遊びとしても流行した。一三世紀に至り、長連歌（鎖連歌）が隆盛となり、百韻形式が定型化し後鳥羽上皇の院を中心に連歌が創作されていた。

連歌は、集団で楽しめることから社交の手段ともなり、盛んに連歌会が催された。「二条河原落書」に、「京鎌倉ヲコキマゼテ、一座ソロハヌエセ連歌、在々所々ノ歌連歌、点者ニナラヌ人ゾナキ」と記されたり、「建武式目」の「群飲佚遊を制せらるべき事」の中に連歌会があげられるなど、一四世紀前半における連歌会の過熱ぶりが窺える。

後鳥羽上皇の頃から連歌界を二分していた、優美で和歌的な有心連歌と、滑稽で俳諧的な無心連歌を統一し、「応安新式」を定めたのが二条良基である。良基は初の准勅撰連歌集「菟玖波集」（一三五六年）を編纂し、連歌の文学的価値を高めた。南北朝合一期には一時衰退した連歌も、一条兼良らの復興運動を経て、一四九五年、飯尾宗祇の「新撰菟玖波集」により再興した。戦国・桃山時代は連歌も庶民化・地方化したが、純正連歌は世襲により固定化して衰退し、連歌の主流は俳諧連歌へと移る。山崎宗鑑の「犬筑波集」（一五九〇年）が、近世の俳諧連歌隆盛の口火となり、貞門派・談林派の俳諧に影響を与えた。

16 分国法に多く見られる特色をあげよ。

P.186

分国法には、大名が一家の子孫に遺す家訓、家臣団全体に対する家法、領国全体に向けた領国法の要素がある。それらが複合的に絡むことも多く、成り立ちも、各大名が置かれた立場も異なるため、分国法は様々な内容を含んでいるが、多くに見られる特徴としては以下のことがあげられる。

まず、御成敗式目などの幕府法を基盤としながらも、国人一揆の取り決め（一揆契状）や民間の法的慣習も取り込んでおり、中世法の集大成となっていることがあげられる。

次に、喧嘩両成敗の規定に見られるように、中世社会で広く行われていた私闘や自力救済を禁止することで、大名の公権力化をはかったことがある。

その一方で、独立性の強い国人と個別に主従関係を結ぶ契約的な性格も見られる。しかし、この主従関係も公権力の行使と同様に、法による支配に基づいていることが重要である。

また、分国法では、武士層にとどまらず、町人、職人、農民の支配に関する法的整備が行われ、戦国大名による領国支配の根拠となっている。

さらに分国法は、大名自らも遵守拘束することが定められており、法や大名権力の正当性を広く認めさせるものとなっているのである。

第6章　幕藩体制と文化の動向

1

①　ヨーロッパ人が日本を含むアジアに進出した背景を述べよ。

P.191

一一～一三世紀の十字軍遠征と一三～一四世紀のモンゴル帝国の出現によって東西交通はより発展し、イスラム教国から地中海貿易を経てヨーロッパへ、香辛料や絹などアジアの珍しい品々が運ばれるようになった。ヨーロッパ人のアジアの産物に対するあこがれと欲求は強く、これらはとても高価に取引された。同時に最先端のイスラム文化や、かつてのヨーロッパ古典文化もビザンツ帝国より流入し、貿易で潤ったフィレンツェなど一四～一六世紀の北イタリアを中心にルネサンスが花開いた。

当時手写されていたマルコ＝ポーロの『世界の記述』は、ヨーロッパ人のアジア貿易に対する渇望の火に油をそそいだ。ヨーロッパ人で最初にアメリカ海域に到達したイタリア人探検家コロンブスもこの本を大切に所持し、その本には三六六箇所もの書き込みをしていたそうである。しかしヨーロッパ人が陸路でアジアに到達するには、東にあるイスラム教国であるオスマン帝国を通過せねばならず困難であった。海路については、羅針盤の改良や造船技術の向上もあり、外洋での航海技術が進歩を遂げ、ヴァスコ＝ダ＝ガマによるインドへの新航路の発見がなされ、ポルトガルやスペインは大航海時代の幕開けとともに、アフリカやアジアそしてアメリカ大陸に進出していった。

一方、一六世紀前半にヨーロッパに吹き荒れた宗教改革では、旧教側で刷新運動が行われ、イエズス会などの宣教師が世界への伝道活動を推しすすめていた。これらの貿易、技術、宗教などの諸条件を背景に、ヨーロッパ人はアジアに進出してきたのである。

②　鉄砲を初めて最もよく活用したのはだれか。また、その威力を発揮した戦いは何か。

鉄砲を最もよく活用したのは織田信長であり、その合戦は一五七五（天正三）年に織田信長・徳川家康の連合軍が武田勝頼の軍を三河長篠で破った、いわゆる長篠の戦である。

この戦いでの信長方の鉄砲は、三〇〇〇丁である。騎馬戦闘を過信した武田軍は、鉄砲隊に正面攻撃を加えたが、騎馬柵に妨げられているところを砲撃されて致命的な打撃を受けた。この点から長篠の戦は、伝統的な騎馬中心の個人戦闘よりも、足軽の鉄砲隊による集団戦闘が優位であることを実証した画期的な意義をもった戦いといえる。

なお、この戦術の差は、武田の支配する甲斐国と織田のおさえた畿内・東海地方の地理的・歴史的条件の違いにあった。武田氏の戦闘の主力となるのは農村に土着した武士で、戦闘が始まると農村から大名の下に馳せ参ずるのであり、平時には彼らは農業経営にたずさわっていたから農繁期の出陣は困難であり、長期の転戦もできなかったとともに、土着武士の支配する農村では、足軽になる小名主層の成長が遅れていた。鉄砲の集団的使用は、足軽による集団戦闘を採用できる大名のもとにおいてのみ可能であった。武田氏に鉄砲がなかったのではなく、それを使いこなす条件が整わなかったのであった。

③　鉄砲の伝来は、当時の社会にどのような影響を及ぼしたか。

一五四三（天文一二）年、種子島に伝来した鉄砲は、戦国争乱のなかで急速に広まり、鉄砲鍛冶の出現とともに戦国大名の間に普及していった。その結果、当時の日本の社会にいろいろな影響をもたらすことになった。すなわち、鉄砲の大量生産・使用は、従来の戦闘形態や戦術に根本的な変化をもたらした。個人戦闘は意味を失い、集団的に組織され、機動性をもつ鉄砲足軽隊が戦闘の主役となり、勝敗を決定づけることになった。そのため、大名の家臣の城下町集住をもたらすことになった。また、築城法にも変化をもたらし、山城から平城へ転換されるとともに、火器の威力に耐えるような大規模で堅固な城郭が築かれたのである。そして最も大きな影響は、何よりも鉄砲が戦闘に使用されることによって、群雄割拠の状態にあった全国の国々の封建的統一を促進させたことである。

2 キリスト教が急速に広まったのはなぜか。

P.191

一五四九（天文一八）年、イエズス会宣教師フランシスコ＝ザビエルは、鹿児島に上陸した。彼は、平戸から京都にも向かい、その後、大内氏や大友氏の保護をうけつつ、その領内で布教活動を行った。

ザビエル来日前後の東アジアの貿易は、明による倭寇禁圧政策のなかで、ポルトガルの大型貿易船が中心となっていた。日本の戦国大名にとっては、ポルトガル船のもたらす中国産の生糸・絹織物や香料・鉄砲・火薬などが重要な交易品となっていた。こうしたポルトガル船に同乗していた宣教師は、貿易をキリスト教布教に利用し、反キリスト教の大名の領地（港）には船を入港させず、キリスト教に好意的な大名に布教の許可と引き換えに貿易を許したのである。キリスト教の広まった一つの理由は、こうした布教と貿易の一体性にあったといえる。

いま一つの理由は、日本の戦国大名側に、領内の一向一揆勢力などに対し、大名の側からキリスト教を利用して領国の統一を図ろうとする宗教政策の意図があったことがあげられる。自らキリシタンとなった大友宗麟や有馬晴信・大村純忠のようにキリシタン大名もいた。

また、ルイス＝フロイスの『日本史』の叙述にみられるように、宣教師が日本の庶民のなかへ入り、熱心に布教していったこともキリスト教が広まった理由といえよう。

3 信長が寺院に対して、破壊的行動をとったのはなぜか。

P.193

仏教は、伝来以後千余年を経て歴代の天皇の厚い信仰と将軍などの庇護で興隆し、精神的な面だけでなく国民生活全般にも大きな影響を及ぼした。さらに、室町時代になると僧侶は武家政治の顧問となり、また文化の荷担者となって、その俗的権勢は最高潮に達した。古代仏教の頂点に立ち、広大な寺領と数千にのぼる僧員を有し実に強力な戦国大名の観を呈し、朝倉氏と結んで信長の天下統一を妨げた延暦寺と、あるいは大坂の寺地の明け渡しを要求した信長に対決した石山本願寺は、信長の全国統一の過程における一大障害であった。したがって、これらの宗教的権威のもとに俗化し権力化した寺院の破壊なくしては、全国的統一は不可能であったからである。

4 楽市・楽座の目的およびその歴史的意義を述べよ。

P.195

楽市・楽座は、戦国時代の末から安土桃山時代に行われた商業政策である。その目的は、応仁の乱後の商工業の発展に伴って出現した「座」に属さない多くの新興商工業者を新しい封建的秩序のもとに統制することによって、戦国大名の領国経済の統一的支配、城下町の繁栄をはかるためであった。文献上の初見は一五四九（天文一八）年、佐々木義賢がその城下近江石寺新市を紙の楽市としたことにあるが、信長が一五七七（天正五）年安土に下したものはその代表的なものである。その歴史的意義は、

(イ) 城下町の繁栄をもたらし、それによって城下に集中させた家臣団の消費生活を維持し、兵農分離を完遂したこと

(ロ) 同時に農村から商業的要素を除き去り、農民に現物貢租を負担する自給自足的生活の固定をはかったこと

(ハ) 座、市などを支配することによって、それに寄生していた公家・寺社などの荘園領主の基盤を根底からくずし、商工業を大名の支配下にくりこんでいったこと

などがあげられる。

5 信長の革新的な面をあげよ。

P.195

信長が全国統一の先鞭者となったのは、肥沃な濃尾平野を本拠として豊かな経済力を持っていたことや京都に近いという地理的事情が一因であったが、彼

自身の革新的な諸政策によるところが大であった。すなわち、第一に宗教の面では、延暦寺・本願寺など寺院勢力を徹底的に弾圧して仏教界の権威を否定したこと、キリスト教を保護したこと。第二に経済面では、南蛮貿易の重視、楽市楽座の制をとり商工業の積極的な振興をはかるとともに、諸座の保護者であった寺社や公家に大きな打撃を与えたこと。第三に支配体制の強化策としては、関所を廃止し、道路の修理や橋梁などの交通施設を整備して、軍隊の輸送や物資の流通をはかり、領内の経済力を強化したこと。また自治的都市堺を征服し、豪商を利用して軍費や軍需品を負担させその支配体制に役だたせたこと。あるいは鉄砲による新戦術の採用、近世的城郭の築城、検地の実施、郷村制を利用して村落の行政組織を確立しようとしたことなどがあげられる。これらはいかにも当時として、革新的であり時代の要求にマッチした政策であった。

6 信長と秀吉の検地の相違点をあげよ。

P.197

①

検地の先駆者としては今川氏や北条氏などがあげられるが、信長も一五六八（永禄一一）年の入京後、近江国を手はじめに領地を征服するごとに検地を実施していった。信長の検地は「指出」といって、領主が所領の台帳・明細書を申告する形式がほとんどで、秀吉の検地のように、検地役人が厳しく実地調査するものではなかった。したがって当時の領主・農民及び農民相互間の複雑な権利関係を根本的に改めるものではなかった。

秀吉は、一五八二（天正一〇）年、山崎の合戦で勝利を得るとすぐ山城で検地を行った。はじめは指出の形式をとっていたが、一五九〇（天正一八）年の全国平定後は、いよいよ統一的検地を行うこととし、その最も完成した姿は一五九四（文禄三）年の検地条目にみられる。太閤検地の施行原則は、六尺三寸を一間とし、三百歩を一反として面積をはかり、田畑の種別や等級などをもとに法定の生産額を石高で算定し、一地一作人の原則で一筆ごとの耕地について耕作者を定め、これらを検地帳に登録して年貢負担者を確立した。これによって、それまで長期にわたって展開してきた重層的な土地所有、保有関係を徹底的に整理し、一つの土地に対して、一領主一農民の関係がうちたてられたのである。いいかえれば、在地の小領主的諸階層による中間搾取を一切排除し、封建的土地所有権を大名領主の手に一元的に集中しようとするものであり、かくて大名知行制の基礎が確立されたのである。

このように、両者の検地はその方法、内容ともに大きな相違点があった。

② 石盛・石高を説明せよ。

石盛　斗代ともいう。太閤検地以降、検地によって公定された耕地・屋敷の反当たり標準収穫量で、租税賦課の基準となったもの。これを決定するにはまず田畑を地味によって上・中・下・下々などに分け、例えば上田一反は一石五斗・中田は一石三斗（ふつう以下二斗さがり）というようにし、その生産力を米で表した。これを石盛という。米をつくらない屋敷・畑もその地味に応じて石盛をした。

石高　高ともいう。石盛を各反別に乗じ、得られた量を石高という。太閤検地の際に貫高制に代わって全国一律に採用され、一八七三年の地租改正により廃止された。石高制の実施により、領主は領内の米の収穫高を明確に把握し、年貢徴収の基礎とすることができた。石高はまた軍役賦課の基準でもあった。

③ 太閤検地によって、土地制度はどのように変わったか。

検地によって耕地・屋敷の所持者を検地帳に記載して、租税や労役を負担する責任者とした。いわゆる一地一作人の原則の確立である。これにより、古代以来の荘園制度は完全に終わりをとげた。すなわち中世末には、本家職・領家職・名主職・百姓職・作職などといったさまざまな職があって、同じ土地からとれる生産物を分配する権利を互いに持っていた。しかし秀吉がこの検地を実施し、中間搾取を否定したことによって、これらの入りくんだ権利関係がきっぱりとかたづけられ、ただ年貢をとる武士と、年貢をとられる百姓の上・下の単純な階級関係に整理された。

7 刀狩令の歴史的意義を述べよ。

P.200

刀狩は秀吉以前にも柴田勝家などの先例がみられるが、最大の規模でしかも徹底して行ったのは、肥後の大一揆の翌一五八八（天正一六）年、京都東山の方広寺大仏鋳造を機に行われた秀吉の刀狩である。これは中世以来の農民の武装を解除し、農村の治安維持を図ることを一つの目的としたものであったが、同時に、武士と農民との未分化状態を解消して兵農分離を徹底し、とくに経済的基盤としての身分を固定し、農民を土地に縛りつけようとしたところにその歴史的意義があった。なお、刀狩と検地は秀吉の農民統制策の表裏をなすものであり、また第三条にみられる農民の土地緊縛の方策は、これより三年後の身分統制令でさらに拡大されたことも注目すべきことである。

8 身分統制令の目的を述べよ。

P.201

太閤検地は抵抗を排しながら激しい勢いで強行され、その対象は一五九一年には三九か国に及んだ。その成果を背景に、刀狩令に続いて、一五九一年八月、身分統制令が出された。

本史料の第一条では、小田原落城の時点において、士農及び士商の身分を確定し、固定しようとしたものであり、第二条は、農民を土地に緊縛し、同時に浪人の侵入を阻止しようとしたものである。こうして、刀狩令に始まる身分制は、はっきりと士農工商という形で身分の固定化が進められたのである。それは、兵農分離の法的な確定であり、それ故に、「下剋上」的社会の終わりを示す法的な表現でもあった。

朝鮮出兵がすでに始まっていた一五九二年発令の人掃令は、一村単位で戸数・人数・男女老若・職業別等を記載し、一面、明征服の人員確保であったが、基本的には人民の身分固定化に向かう政策であった。この調査は、初の封建的統一を成し遂げた豊臣政権が、朝鮮出兵を契機に支配の基盤とすべき石高・人口を量的に把握しようとするものであった。

---

9 秀吉がバテレン追放令を発した理由は何か。また、その結果はどうであったか。

P.204

秀吉がキリスト教を保護したのは、信長と同様古代・中世以来武威をふるってきた寺院勢力としての仏教を抑圧するためと、貿易の利を得るためであり、教義そのものには理解や関心はなかった。

前者の政治目的による保護は、当然のことながら事態の推移とともに変化する。かつて秀吉の前に対峙した寺院勢力が屈服した時点では、キリスト教を積極的に保護する理由は失われた。逆にキリスト教の伸展に伴う信者の増大とその信者同士の強固な信仰による団結力は、かつての本願寺教団に代わるべきものを想わせた。さらに、九州がその中心であり、彼が九州征伐を機に、現地の事情すなわち、長崎教会領問題や神社仏閣の破壊、日本人奴隷の売却などを直接見聞したことにより、禁令発布を決意したのは当然であった。

なお、有名なキリシタン大名大村純忠や大友義鎮がこの禁令発布の直前に没しており、このチャンスに発令されていることも意味のあることであった。

しかし、この追放令は不徹底に終わる。

一九日令の第三条ではバテレン（宣教師）の二〇日以内の追放、第四条では貿易の許可、第五条では商人来往の自由を述べている。統一政権としてなお日浅く、直轄地も少なく、鉱山その他よりの財政収入の乏しい秀吉政権としては、貿易に期待するところ大であった。このような事情から、結果的に、矛盾する貿易の奨励と布教の禁止をうたわざるを得なかった。したがって秀吉がこのような立場にある限り、宣教師の伝道禁止は机上のプランであった。しかも、すでにキリスト教は伝来後四、五〇年たち、信徒の中に深く浸透しており、彼等自身の手によって、熱心に各地に広められた。さらに、このころ秀吉の関心は対外政策に向けられており、彼自身宣教師追放には消極的であったことなどを考えあわせるとき、この追放令が不徹底に終わったのは当然であった。

10 なぜ、秀吉は朝鮮侵略を行ったか。 P.206

秀吉は、一五八五（天正一三）年には朝鮮侵略を考え始め、実際には一五九二（天正二〇）年に肥前名護屋に結集させていた諸大名の軍勢を朝鮮に渡海させた。

この朝鮮への侵略は、秀吉個人の名誉欲・征服欲のみから発していたものではなかった。四国・九州の征圧、小田原征伐と、この前後には戦争が多発しており、また、各地の土豪・百姓にとっても厳しいものであったに違いない太閤検地の過程では、肥後や陸奥・出羽の国（人）一揆など民衆の激しい抵抗もあった。それゆえにこそ、秀吉政権は刀狩令や身分統制令を発布したのである。つまり、秀吉政権は、各地の領主・民衆の広範な抵抗を強力な軍事力で抑えて全国統一を果たしたのであり、常に「戦争」という緊張状態によってこそ領主階級の結束をはかり得たのである。全国統一完了後においても、このような軍事力中心の統一政権にとって、朝鮮侵略という新たな戦争が必要だったのである。

11 桃山文化の特色を述べよ。 P.208

信長・秀吉の安土桃山時代（織豊政権）の文化であり、また、江戸初期の文化を含める場合もある。特色の一つは、戦国武将や豪商たちの壮大な文化という点にある。戦国争乱の統一過程の城郭建築が、その代表例である。例えば、信長の築いた安土城は、広く深い濠と高い天守閣をもち、城の周囲には商工業者を集住させた城下町を形成し、場内の障壁画には狩野永徳のものが飾られていたという。

また、いま一つの特色は、町衆の文化ということにあり、大名や豪商をも含めての茶の湯（わび茶）の流行や、浄瑠璃、出雲の阿国に代表される歌舞伎踊りなどに表れている。

12 武家諸法度のなかで大名の反乱防止策として重要な箇条はどれか。 P.211

①

第六条　居城修補の届出や新築の禁止。第七条　隣国の新儀企図や徒党結成の情報報告の義務。第八条　私的婚姻の禁止。

第六条は大名の武力を削ぐうえに重要な規定である。家康は、既に一六一五（元和元）年六月に一国一城令を出している。第七条の新儀と徒党は、現状維持をもって平和と秩序を確保しようとした幕府の最も危険視したところで、第八条とともに、互に結託して幕府に反抗することを防止したものである。

② 武家諸法度の元和令と寛永令の相違点をあげよ。

寛永一〇年代において、幕府が国家権力としての性格を法制上整えてゆく一連の諸政策の中核をなすものは、寛永一二年の武家諸法度の改定であった。その主なものの第一は、元和令の第九条に「諸大名参勤作法の事」として、多数を引率してはいけないと定めているのみであるが、寛永令は第二条で「大名小名、在と江戸との交替を相定むる所なり」として、参勤交代が法文の上で明記されたことである。第二は第一七条において、「五百石積以上の船停止の事」が追加されているが、これは軍事上・政治上の措置であった。

以上主なものは二点であるが、まさに寛永令の改定は、江戸幕府の強力な支配体制完成の象徴でもあった。

13 禁中並公家諸法度・諸宗寺院法度の目的は何か。 P.213

元和の「禁中並公家諸法度」は、天皇・親王・摂家・門跡などの公的な行動全般を規制した画期的な法令である。特に第一条は天皇は学問や和歌に専修すべきことを定め、天皇を政治から切り離すことがねらいであった。天皇の行動が法令で規定されたのはこれが最初であり、しかもそれが武家によって制定されたことは幕府の絶大な優位性を示すものであった。

実際には、朝廷は政権を武家に奪われ、政治上はほとんど無力であったが、幕府自身、征夷大将軍という官職を天皇から与えられるという形で、その伝統的権威を自身の権力強化に利用したように、この朝廷の伝統的権威がともすれば反幕的勢力の中心に利用されるおそれがあったためである。

さらに、幕府は、中世まで有力な古代勢力として力を持っていた寺院を封建体制の中にくりこむために、寺院ごとの法度を制定した。また、禁中並公家諸法度の中で、一三条から一七条までは門跡以下僧侶の官位規定であり、特に一六条は紫衣、一七条は上人号について天皇の行動を強く制約している。朝廷はかねてから収入源の一つとして紫衣勅許などを行っていたが、後水尾天皇のとき、これらの規定を破って幕府に相談なく僧侶十数人に紫衣着用の勅許を与えた。しかし、幕府はこれらをすべて無効とし、これに抗議した沢庵を出羽に流した。いわゆる紫衣事件である。これは朝権に対する幕権の優越を明確にした事件であった。

14

P.215

① 史料「為政者の農民観」から農民観を最もよく示している部分をあげ、その意図を説明せよ。

「百姓は財の余らぬやうに、不足なきやうに、治むること道なり」「郷村の百姓共は死なぬ様に、生きぬ様にと合点致し」

土地・農民の上に経済的基礎をおいていた幕府・諸藩にとって、農民の統制を完全にし収納を確保することは、最も重要な問題であった。書き出した文に示されているように、為政者の対農民策は、農民の生活を最低限に抑え、再生産に必要な部分を残してその余剰を悉く収奪することを目標としていたのであった。

② 最もきびしい束縛をうけた農民が、身分上武士の次にランクされているのはなぜか。

徳川幕藩体制は田畑からとれる貢租を経済的な基盤としたため、その貢租を負担する農民が最も重要な存在であり、士・農・工・商と呼ばれているように、農民は士の次に位し、生産に従事しない商人が最下級のものとして軽蔑されていた。しかしながら、当時よくいわれた「百姓は天下の根本也」とか「農は国の本なり」という言葉は、農業本位主義を表明したもので、もとより農民本位主義を表明したものではなく、農民は形式的には工・商の上に置かれながらも、実際には四民中最もみじめな生活を強要されていたのである。

15

P.216

田畑永代売買の禁止令の目的と田畑売買の実態について述べよ。

農民の土地売買の禁止は戦国大名の間にも行われたが、江戸幕府の田畑永代売買の禁止令は、一六四三（寛永二〇）年、家光のときに出されたものが初見である。これは農業経営規模の零細化、貨幣経済発展による田畑の富農集中化の傾向に対するもので、幕府はこの禁令によって本百姓の没落を防止し、貢租納入者を確保しようとした。

しかし、田畑永代売御仕置という罰則を伴う禁止にもかかわらず、土地の売買は公然あるいは脱法行為によって行われた。伊豆国内浦漁民史料には、寛永一九年、二〇年の両年の間に三通の永代売証文があり、そこには、「そなた（買主をさす）御意には、永代に田畠売買御公儀様より御法度の由、御申候へ共、我等かつゑ申に付き、無理に詑び申し候」と記されている。すなわち、永代売買の禁止令が出されていることを知りながらも、永代売買は、農民にとっては、餓死をまぬがれるためのやむを得ない方法だったのである。しかし、だからといって、五人組帳の前書に記載されて読み聞かせられていたように、禁制がすべて空文であったことを示すものではない。

16

P.218

分地を制限した理由を述べよ。

封建支配者の考え方は、貢租負担力を持つ本百姓の没落を防ぐことであった。本百姓が分地することにより、経営が零細化し、貢租の納入に支障をきたすからである。この制限は明治の初年まで継続したが、完全には実施されなかった。

17 封建支配者が、農民の日常生活の細部にまで干渉・統制したのはなぜか。 P.220

※「慶安の触書」は近年、存在が疑問視されている。

「慶安の触書」※は、幕初以来折にふれて布達されてきた農民統制に関する多くの触書を集大成したものであり、重農政策と愚民観の上にたって、生活の細部にまで干渉している。そのねらいは、徹底した自給自足の生活を強制し、生産を増加させることによって、年貢を確保することにあった。すなわち、最低の生活の下で、最大の労働を要求する武士の農民を支配する姿を具体的に示している。このような厳しい規定も、農民の生活の高まりと意識の向上につれて、やがて破綻をきたすことになるのである。

18 五人組制度について述べよ。 P.221

江戸時代の五人組の祖型は、すでに大化改新後におかれた五保の制に認められる。これは唐の五保の制の模倣で、自治警察的なものであったが、平安時代の中頃までには全く廃絶した。その後戦国時代、下級武士の戦時編成や秀吉の洛中の治安維持のため侍五人組・下人十人組という武士の組織となり、さらに五人組が民間の組織として体系化されたのが江戸時代であった。

江戸幕府は成立後まもなくキリシタン禁制や浪人取締りなどの警察的な目的で強制的に施行し制度化した。その組織は村方では惣百姓、町方では地主・家主の五戸一組を原則とした。組の機能は連帯責任制のもとに、キリシタンや犯罪人を相互監察によって防止・告発することにあり、さらに年貢の確保や教化政策等にも及んだ。のちには領主の意志伝達機関として、また成員の相互扶助的機能に重点が置かれるようになった。五人組には五人組帳があり、これは五人組成員が守るべき法令書（前書）と、これに違反しない旨の誓書と、町村役人以下成員の連名連判の三部からなっていた。この法令書（前書）の部分を各名主らが定期的に読み聞かせたのである。

要するに五人組制度は、江戸幕府が農民や町人などを支配する末端機構であり、相互扶助・連帯責任制による巧妙な支配形態であった。

19 P.224

① 寺請制度の当初の目的を述べよ。

寺請制度の当初の目的は、キリスト教徒を摘発・発見することであった。そのため江戸幕府は、国民のすべてをいずれかの寺院に登録させ（宗門改）て、その寺の檀家であることを証明させる制度を始めた。これが寺請制度であり、寺院が発行する証明書を寺請証文といった。

② 寺請制度は仏教界にどのような影響を及ぼしたか。

幕府は寺院統制策として、寺院法度の制定や本山末寺制の整備を行い、宗教の面での庶民統制策として宗門改の制度化とそれから派生した寺請・檀家制度を定めた。この寺請制度によって、第一に、檀那寺が幕府権力の末端機構としての役割を担い、檀家の出生・死亡・旅行・移住・婚姻などの届け出を取り扱い、また法要・墓地・位牌などの管理にもあたることになり、第二に、檀那寺は檀家から盆暮のつけとどけや布施・奉加などの名目で金品を受け取り、さらに寺院は、開帳・勧進・富くじ・寄付・納骨・講などの名目で寺領や檀家以外からの収入もあって、経済的には安定していたこと、第三に、この制度によって一寺一家が強制され、個人信仰の自由が認められなかったため、僧侶の宗教活動が抑制された。その結果、多くの僧侶は安易に流れ真の宗教活動を行わず、寺院は家々の葬儀や供養を主とするようになり、仏教界は沈滞した。

20 幕府が糸割符制度を設けたのはなぜか。 P.226

幕府が一六〇四年、特定の商人に糸割符仲間をつくらせ、この仲間が年々春に輸入生糸の価格を決定して、その価格で輸入生糸を一括購入し、その後これを仲間構成員に配分した制度が糸割符制度である。

幕府はこの制度で、ポルトガル船の舶載する生糸の買い上げを保証してその存続・発展を期し、他方においては、ポルトガル人らのほしいままなる利潤の追求を抑制し、まず幕府がその利益をおさめて幕府財政強化の一助とするとともに、幕府と結ぶ特権商人団の利益を保護することが目的であった。

21 鎖国令を発した理由は何か。 P.230

①

江戸幕府がその基礎を確立し、中央集権的な封建制を強化するための重要政策の一つが、鎖国であった。

鎖国の第一の理由は、キリスト教問題であった。キリスト教の教義が封建道徳に反すること、カトリック教徒の非妥協性、スペイン（イスパニア）・ポルトガルの宣教師の本国植民政策への協力的態度、信徒の強固な結束、などがオランダの中傷とあいまって、幕府に危険を感じさせたことである。

第二の理由は、幕府の貿易統制策である。貿易の発展が、土地経済を基盤とする封建体制を崩壊させることや、西南外様大名や有力商人の貿易による富強化などをおそれて、貿易を幕府の統制下におくためであった。

② オランダが貿易を公許された理由を述べよ。

第一に、オランダは一六〇九年家康から朱印状を与えられ、自由貿易・関税免除などの特権を認められていたのに対して、ポルトガル・スペイン（イスパニア）貿易は西南大名との接触で始まり、幕府から警戒されたこと。第二に、ポルトガルやスペインの場合、布教が貿易に優先した。これに対してオランダやイギリスは宗教と貿易とを分離し、布教に関心を示さなかったのでキリシタンの禁令に触れることがなかったこと。第三に、オランダやイギリスの商館員は連署して、ポルトガル・スペインなどカトリック教国の侵略的植民政策と、キリスト教伝道との関係の不可分を強調し、朱印船が海外に渡航するかぎり、キリスト教禁圧の徹底の期しがたい旨を説いたこと。第四に、オランダが島原の乱に際し幕府側に協力したこと、などがあげられる。

かくてオランダは、その対日貿易開始以来我が国の鎖国前後に至るまで、順次その競争国を排除することに成功し、対日貿易を有利に進めたのであった。イギリスは、その間、オランダとの競争に敗れたため、日本を去り、一六二三年平戸の商館をとざして、インド経営に専念することになった。

22 海舶互市新例のねらいを述べよ。 P.235

鎖国政策の実施によって、オランダ・中国との交易を中心とする長崎貿易は、輸入超過の連続であった。白石の調査では、一六〇一年以降一〇七年間に、実に我が国で産出された金の四分の一、銀の四分の三が海外に流出し、このままでは今後一〇〇年もたたないうちに我が国の金銀は底をつき、銅もことかく結果になる。このことは、「金銀は国の骨格である」という考えの白石にとっては重大問題であった。また当時の輸入品に対して、「我有用の財を用いて、彼無用の物にかえんこと、我万世の策にあらず」とした。このような観点から、白石は貿易額も船数も著しく制限したのである。ただし、白石の貿易対策は消極的に金銀の流出を防止するにとどまり、国内産業の開発により輸出貿易を振興する積極策ではなかったのである。

23

① 江戸時代の豪商を三つのタイプに分類せよ。 P.236

㈠ **三井型豪商**　呉服・両替の三井家、酒造・廻船・両替・蔵元・掛屋の鴻池家、銅の精錬・輸出の住友家などで、数代の努力によって家業を築きあげ、産業開発にもあたったグループである。
㈡ **紀文型成金富豪**　紀州蜜柑の江戸輸送で儲け、明暦の大火の際は木曽の材木を買い占めて俄成金となった紀伊国屋文左衛門、日光東照宮の用材入札に木曽の材木問屋を商略で陥れて成金となった奈良屋茂左衛門、大坂の蔵元として巨富を得、のち幕府から財産を没収された淀屋辰五郎など。このタイプの豪商は、享保頃までにおおむね没落した。

㈢ **後藤型特権商人**　幕府の呉服師を世襲する後藤縫殿助、金座の後藤庄三郎、銀座の大黒常是、糸割符商等の特権商人で、これらは特権に依存して経済の主流からはずれた。

結局、㈠型が栄えた。投機や特権に依存せず、堅実な努力で財を築いた。これらが明治以後、近代資本主義発展の立役者となったのである。

② 蔵元・掛屋・札差について説明せよ。また、蔵物と納屋物の違いを述べよ。

蔵元　大名が年貢として徴収した米やその産物を売るために、大坂や江戸に蔵屋敷を設けた。この蔵屋敷の蔵物の出納をつかさどるものを蔵元といい、はじめは蔵役人があたっていたが、のちには町人に請け負わせ、彼らは売却のときには口銭を得た。

掛屋　蔵物の売上代金を保管し、藩の必要に応じて送金をするのが掛屋である。鴻池屋・加島屋などの大きな両替商がつとめ、蔵元を兼ねたことも少なくない。蔵元も掛屋も士分の待遇をうけ、扶持米を給され、巨富をつんだ。

札差　江戸では蔵米を受け取る旗本・御家人のために、浅草の蔵前で米の売却などを扱ったのが札差という商人である。やがて彼らはその米を抵当にし、金銀の貸付を行う金融業を兼ねるようになり、巨大な富を得た。明和・安永期頃はその全盛期であったが、寛政・天保期には幕府が棄捐令によってその金利を制限したので、札差は次第に衰えていった。

また、江戸時代の商品は、大別すると、蔵物・納屋物・舶来物の三つに分けられる。

㈠ 蔵物は、大名の徴収した年貢米及び国産物である。本来、諸藩は領内において自給自足を原則とし、商品の輸送を統制したが、商品経済の発展につれて地方経済の枠を破って蔵物の商品化を図ることが必要となり、大坂・江戸などに置かれた蔵屋敷に廻送され、市場で販売されたものである。

㈺ 納屋物は、民間で生産され、商人の手によって取り扱われた商品である。地方産業の発達とともに中期以後その増加が著しい。

なお、舶来物は、初期には朱印船貿易などの東南アジア貿易によってもたらされた商品であったが、鎖国以後は長崎での制限貿易を通じて、オランダ・中国から輸入された外国商品である。

24

P.238

江戸時代の農業生産の発展を、金肥の普及と関連させて述べよ。

一七世紀後半から一八世紀にかけて、農業生産の発展には目覚ましいものがあり、生産も自給的な主穀農業から、桑・茶・藍《あい》・麻・綿などの商品作物も含めたものとなっていた。こうした商品作物生産の背景には、金肥の普及によるところが大きかった。

金肥には、九州や四国、九十九里浜・三陸海岸で生産される干鰯《ほしか》や、鯨・鰊《にしん》・菜種・胡麻などの油粕があり、商品作物である藍や煙草などの生産に多く用いられた。なかでも九十九里浜の干鰯生産は、畿内周辺の商品作物、特に綿花生産の発展が大きな要因となって始まった。こうした金肥の普及は、従来生産ができなかった土地の土質を改良し、多くの地域で商品作物の栽培を可能にし、村々を豊かにしてもいった。

また、金肥のほかにも千歯扱《せんばこき》や踏車などの農業技術や『農業全書』といった農書（農業知識）の広汎な普及も農業生産発展に大いに役立った。なお、松前氏を通じて「蝦夷地」において、アイヌに生産させた魚粕も、畿内の商品作物を発展させる要因となっていた。

25

P.240

① 朱子学はなぜ官学とされたか。

戦国の争乱もおさまり、国内統一が完成されるようになると、単に武力による支配のみでは国内を治めることは不可能となり、領主の支配を正当化し、秩序づける必要が生じた。この理論的裏付けとして、君臣・主従の別を明らかにする大義名分論、上下の秩序・礼節を重んずる道徳を中心理論とする「朱子学」が用いられる必然性があった。家康が惺窩の弟子羅山を登用して幕府の文教政策の顧問としてからは、京学派が朱子学の正統となり、綱吉・白石の文治政策とあいまって、その研究は最盛期をむかえた。かくて、この学派は権力者の行動を合理化し、権威づけを行うことで、最大の学閥を形成したのである。

② 新井白石の時代区分の特色を述べよ。

白石の歴史観をあますところなく表している『読史余論』は、六代将軍家宣への進講のなかで叙述された。総論で白石は、天下の大勢は公家の世が九変して武家の世となり、さらにそれが五変して徳川政権の時代になったとする。その論の中心には、あくまで当代（徳川政権）があり、当代に至る公家九変・武家五変の時代区分をしたのである。

26

P.242

① 武士階級の窮乏の原因を述べよ。

強固な幕藩体制も、一八世紀に入ると、矛盾が目立つようになった。その一つは、武士階級の窮乏である。その窮乏の原因の第一は、貨幣経済の浸透によって、農村に新しい階層分化が進行し始め、幕藩体制の基盤である本百姓を中心とする村落組織の分解がいっそう進み、領主以外の新たな生産農民収奪者たち、地主・富農・問屋商業資本家・高利貸などを成長させた。したがって、領主が生産農民の余剰生産物のすべてを収奪することは不可能となり、しかも領主・武士階級自身が商品経済にまきこまれて、年貢物資の販売面でも生活必需品でも、御用商人に利をとられる状態で、彼らの収入は減少こそすれ増加しなかったこと、第二にこの武士階級の窮乏は、農民に対する収奪を引き起こしたことや、天災・凶作による農村人口の停滞・減少によって、農業生産力の低下を引き起こしたことであった。この農村の現実は、中期以降、百姓一揆の激発の背景となった。これはそのまま支配者たる武士の窮乏につながっていったこと、第三に、都市生活による急激な支出の増大によって財政収支の均衡を失ったことなどがあげられる。

その他、特に幕府の場合は、将軍家の奢侈、不用の土木事業に加えて金銀産出額の減少、長崎貿易における正貨の流出及び災害の際の天領・諸藩への救済費支出などが、これらに拍車を加えた。諸藩においては、参勤交代・臨時の御普請・転封などの出費もこれに輪をかけた。旗本・御家人・藩士らは封禄が代々すえおかれたうえに、藩財政窮乏のしわよせとしての半知・御借上（本給の何分の一かを削減されること）などによって、家計を大きくおびやかされたことなどもその原因として考えられる。

② 武士階級の窮乏は、身分制度上、どのように影響したか。

幕藩体制を維持し、強固にするためには、社会秩序を固定しておく必要があった。そのため士農工商の身分の別をたて、支配者としての武士の地位を高め、農工商との間に厳格な差をつけた。

しかるにその窮乏化の進行につれて、武士でありながら武具を売るものも少なくなく、さらには富裕な町人から養子をむかえて武士の身分を売ることも珍しくはなくなった。武家の窮乏化は下級武士ほどひどく、その結果、内職にあけくれ、それが本業の観があったとさえいわれている。他方、大名への経済的寄与により苗字帯刀を許される町人もあり、大坂の豪商に至っては大名や武士をおそれさせる実力を持つものもあらわれた。また、武士層がその財政難を救うために、農民などへの搾取を強化したことは一揆激発の要因となり、その対立を深める結果となった。このように、武士階級の窮乏は士風の頽廃などとあいまって、江戸中期以降、幕藩体制の基盤である身分制度を徐々に変質させつつあり、そのことが封建制崩壊の一因となったのである。

27

P.245

① 百姓一揆の原因と推移を述べよ。

百姓一揆は、江戸時代の支配者に対する農民の集団的反抗運動であり、江戸時代を通じてその件数は、今日知られているだけでも約三千件にのぼっている。百姓一揆の原因は、発生の時期・場所等により一様でないので、一括してあげることには問題もあろうが、一応概括すれば次のようなことがあげられる。すなわち、封建領主の重税、地主や高利貸の誅求、天災地変や凶作による飢饉の頻発とこれに伴う物価騰貴、助郷負担の過重、代官や村役人の不正、専売制の実施などである。

　幕藩体制の矛盾の増大につれて、農民の生活が破壊されたことと、農民が政治的にめざめた結果、百姓一揆が頻発した。一揆は、特に享保以後激化の一途をたどったが、その闘争形態・規模や目標及び主体は、時の推移と共に変化していった。

㈠　前期　代表越訴《おっそ》型　江戸幕府の初めは、検地に反対する在地土豪による反動的な一揆であったが、一七世紀半ば以降は村役人代表による越訴が多くなった。すなわち、佐倉藩における佐倉惣五郎や上野沼田における茂左衛門《もざえもん》による一揆などのように、名主をはじめとする村役人が村民を代表して、年貢の減免要求・検地増税反対・代官などの非法を幕府や領主に訴える愁訴や越訴の形をとった。これが代表越訴型とよばれるもので、要求を貫徹しても、その代表者は極刑に処せられることが多く、一般的には小規模であった。

㈡　中期　惣百姓一揆型　一八世紀になると幕藩体制の動揺はさらに激しく、領主が財政再建のために収奪を厳しくしたため、村役人層の指導をうけて一般農民が広範囲に、積極的に参加する惣百姓一揆が多くなった。その要求も、年貢減免・助郷軽減・藩専売制廃止など多様な要求と闘争を展開した。享保の質地騒動は、地主と小作人の階層分化という、農村社会の変化のあらわれを示している。またこの頃から村役人の不正を摘発し、その不正を領主に訴える村政改革争議である村方騒動や、天明の飢饉以降には都市で町人や農民が富商などを襲う打ちこわしもしきりに起こった。一揆の規模も、伊予宇和島（吉田藩）の武左衛門《ぶざえもん》一揆や上州・武州の天狗騒動のように大規模のものが多くなった。

㈢　後期　世直し一揆型　後期から幕末になると、農民の階層分化の激化の中で、富農層と貧農の協同歩調がやぶれ、貧農層が、年貢拒否・土地所有の平等・特権商人攻撃・村役人の公選など、社会改革をめざす世直し一揆が多くなった。長州藩大一揆などは、その一例である。開港の影響や社会不安の深刻化・幕府の弱体化に伴って、この反封建闘争は次第に激化した。なお、文政から慶応にかけて、国訴という合法的農民闘争が頻発した。

② 百姓一揆の歴史的意義を述べよ。

　百姓一揆は、一八世紀後半から幕末期にかけては、領域を越えた大規模なものも起こるようになり、ほとんどの村人が参加する惣百姓一揆や、世直しを求める世直し一揆も起こるようになる。その頻発は、幕藩体制の基礎をゆるがし、政治的危機を促進させたところにその歴史的意義があった。

28 相対済し令の目的は何か。

P.247

　相対済し令は享保の改革に際して一七一九（享保四）年に発せられた法令の一つである。武士・町人間に激増する貸借訴訟に対し、評定所ではいっさい受理せず、すべて当事者だけの相談で解決することを定めたものである。その目的は裁判事務の簡素化と商業高利貸資本の進出によって目立ってきた旗本・御家人の窮乏を救済することであった。

29 上げ米の令の目的は何か。

P.247

　上げ米の令は享保の改革において行われた幕府の一政策で、将軍吉宗が大名から石高一万石につき一〇〇石ずつの米を出させ、そのかわりに諸大名の参勤交代の在府期間を半年に短縮することにしたものである。その目的は大名の上げ米によって幕府の財政窮乏を救うためであった。この制度は一七二二（享保七）～三〇（享保一五）年の間だけ実施された。

30 公事方御定書の特徴を述べよ。

P.250

　江戸時代の刑罰の歴史は戦国時代の名残りの強い前半期と、その影響が薄れて新しい展開をみた後半期とに分けられる。すなわち、一七四二（寛保二）年、「公事方御定書」の制定を境として、大きく変化している。第一に、重罪を除き、連坐をやめ、追放を減じて罰金にかえ、さらに翌年には重罪で証拠不十分な場合は、全く拷問を廃止した。第二に、この以前では、刑罰はもっぱら犯罪の事実を問題にして、みせしめを主たる目的として科せられたが、これ以後は犯人を改悛させることに主眼をおくようになった。第三に、罪人を牢にとじこめるとともにこれを改善し、労役を課して、出牢後の更生に役立たせる徒刑の制が発達したことである。これらは、目安箱の設置とともに、激化する民衆の反抗を和らげる意図から改められたものである。

31 田沼政治の積極的な新しい面とマイナス面とを述べよ。

P.252

田沼が側用人に登用された同じ年、明和事件がおこり、百姓一揆もまた享保期から著しく増加の傾向に向かった。この切迫した封建制の危機に対して、田沼がとった積極的な政策の新しい面は、限界のある田畑からの年貢の増徴よりは、むしろ商品経済発展の実情に応じて、その成果を吸収しようとしたことであった。

すなわち、積極的に株仲間を公認してその特権を保護すると共に、それらから冥加金・運上金などを徴収して年貢以外の収入をはかり、長崎貿易においても従来の制限をゆるめて銅や俵物の輸出を奨励した。また鉄・銅・真鍮《ちゅう》・みょうばん・朝鮮人参などの商品を専売制とし、取扱商人を指定して運上金をとった。さらに商人の資金を利用して町人請負新田を奨励し、幕府自身も江戸・大坂の商人に出資させて下総の印旛沼・手賀沼の干拓を行ったほか、蝦夷地の開発やロシアとの貿易を計画した。

このような田沼の政治は、商業資本利用の実利主義的政策に特色があったが、そのために利益をうばわれた農民の反抗が生じ、また利を求めることが一般的な風潮から賄賂が流行し、政治の規律が乱れた。しかも天明の飢饉のような災害が続いたため、物価の騰貴・百姓一揆の頻発など社会の動揺が一層激しくなったことは大きなマイナス面であった。かくて田沼は世論の非難をうけて失脚したのである。

32 ① 農村疲弊の原因を述べよ。

P.254

幕藩体制下において、本百姓を維持し、その貢租を確保することが領主層の基本的な農村対策であった。

しかるに、元禄や享保期以降は、農村が疲弊し幕藩体制を動揺させてゆくのである。その種々の原因の第一は、元禄頃から商品経済が農村に浸透したことである。その結果、農村の本来的な姿である自給自足経済がくずれて、本百姓から小作農に没落するものが多くなった。第二は、幕初以来貢租は重かったが、幕藩体制の矛盾の増大につれて、特に享保期以降はその負担が過重になったことである。吉宗執政時の勘定奉行神尾春央《ひで》の言葉といわれる「胡麻の油と百姓は絞れば絞る程出る」という考えのもとに、租率の引き上げ、定免法の実施などによる増徴策がとられたことなどは、その一例である。第三は、凶作・飢饉や疫病の流行などである。飢饉が頻繁でその被害が甚だしかったのは、単に気候不順などの天災にのみよるのではなく、年貢の重課、前納強制、冷水害及び虫害に対する予防策の欠如、さらに津留など封建時代特有の理由に根ざしていることである。さらに商人・地主層の米の買占め、売惜みがこれに拍車をかけた。いわば天災というよりは、政災の色彩が強かったのである。なお、この農村の疲弊・窮乏化が百姓一揆の大きな原因となったことはいうまでもないことである。

② 近世の三大飢饉をあげよ。

江戸時代には数十回の飢饉があったが、なかでも享保・天明・天保期のそれは、三大飢饉として知られている。

㈠ 享保の飢饉　一七三二（享保一七）年に起こったもので、原因は長雨とイナゴやウンカによる虫害であった。被害地は四国・九州・中国から畿内など西日本一帯に及び、餓死者の数は約二百万人にのぼったといわれている。

㈡ 天明の飢饉　一七八二～八七（天明二～七）年に及ぶ長期のもので、なかでも八三年と八七年の被害は甚大で、範囲は全国にわたり、東北地方はことに甚だしかった。原因は異常気象による凶作に加え、浅間山の噴火による冷害が重なったためである。庶民の困窮は甚だしく、雑草・樹皮まで食い尽し、果ては死者の肉まで食するに至ったといわれている。

㈢　天保の飢饉　一八三三（天保四）年から一八三九（天保一〇）年に及び、一八三三年は風水害のため東北地方から関東にかけて凶作に見舞われ、米価高騰に苦しんだ。特に一八三六（天保七）年は気候不順で五穀実らず、ついに全国的な飢饉を招来し、多数の餓死者を出すに至った。

飢饉は百姓一揆の直接の契機となり、都市においては「打ちこわし」を呼びおこし、封建体制をゆるがせる原因となった。また幕府や藩では、米食制限、雑穀食奨励・種籾・扶食米の貸与をはじめ飢饉年には御救《おすくい》小屋をたてるなどの対策を行い、あるいは囲米の制などを実施したが十分な成果をあげ得なかった。

33 倹約令の目的を述べよ。

P.256

倹約令は、江戸幕府・諸大名のもとで、享保・寛政・天保の三大改革をはじめ、江戸中期以降はたびたび発布された。これら倹約令は、武士・百姓・町人とその対象の違いにより、それぞれ目的を異にしている。

㈠　武士の場合　精神的には朱子学の人欲抑制論の立場から、現実的には幕府・藩の財政緊縮をはかるためであり、為政者自ら範を示し、家臣にも厳しく倹約令を行った。

㈡　百姓の場合　自給自足経済を強制して出費を制限し、全余剰生産物を年貢として確保するためであった。

㈢　町人の場合　その営利活動と奢侈行為は、自給自足経済をくずし、封建的身分制度を破壊にみちびくものと考え、その防止のため、食事・衣服などにつき、ぜいたく品の売買・使用を厳禁し、商業資本の抑制など一層厳しくしたのである。

これらの倹約令は理想主義政策の一面をよく表しているが、その効果は一時的なものにすぎなかった。

34 ① 棄捐令と相対済し令の違いを述べよ。

P.257

棄捐令は、幕府が寛政の改革の一環として公布した法令で、札差からの高額の借金に苦しむ旗本・御家人を救済するために出したものである。その内容は、六年以前の借金を帳消しとし、五年以内のものは利率を引き下げ、年賦で償還させるものである。

相対済し令は、享保の改革の際、武士・町人間の金銭貸借に関する訴訟を受けつけず、当事者間の相談で解決することを定めたものである。その目的は、裁判事務の簡素化であり、また商業高利貸資本の進出によって窮乏化してきた旗本・御家人を救済しようとするものであった。

この両者の法令をくらべると、「相対済し令」は、旗本・御家人の金銭貸借にかかわる訴訟を幕府が取り上げず、示談で解決させる消極的な借金帳消しであるのに対し、この棄捐令は、債権行使の放棄を命じた点で、幕府の積極的態度を明示したものである。また、棄捐令という強権発動を行った背景は、享保期に比し、寛政期においては旗本・御家人の窮乏がより進行していたことを意味するものであった。棄捐令は、その後の天保の改革時に発令されたものも有名なので、区別しておいてほしい。

② 棄捐令の実施はどのような結果をもたらしたか。

棄捐令は幕府・諸藩が発したものであるが、もっとも有名なものは寛政と天保期のものである。旗本・御家人は、都市生活による支出の増大や元禄以降の貨幣経済の発展にまきこまれて、札差に対する負債が年々増加し莫大な額にのぼっていた。そこで定信は、旗本・御家人の窮乏を救い、あわせて札差を抑えるために、一七八九（寛政元）年、この令を断行した。その結果、札差は約百二十万両に及ぶ大損害をこうむったのである。その後、ふたたび旗本・御家人の札差に対する負債が増大したので、一八四三（天保一四）年、幕府から諸大名・旗本への御貸付金・拝借金すなわち公金は半額帳消し、札差の債務は無利息年賦払いとした。このため、札差はまたもや打撃をうけ、破産没落するものもあった。

これに対して札差ら債権者は金融拒否をもって報いたので旗本・御家人らは一層窮乏に陥った。さらに、札差らは幕府権力との共生関係からはなれ、生産農民と直接的に結びつく方向をめざすものもあった。要するに、棄捐令は幕府の信用を失墜し、経済界を混乱させたにすぎず、旗本・御家人の窮乏を解決できなかったのである。

35

① 江戸後期のマニュファクチュアの主な業種とその所在地をあげよ。

P.262

一八世紀に入ると、しだいに問屋制家内工業が一般化したが、そのなかで一部の地主や問屋商人たちは、資本家として工場を設け、賃金労働者を集めて分業による協同作業形態、いわゆるマニュファクチュア経営を始めていた。すでに江戸時代前期において、酒造業では伊丹・池田・灘などでマニュファクチュア経営が行われていた。さらに後期になると、綿織物業は大坂周辺や尾張、絹織物業は桐生・足利・伊勢崎・諏訪・岡谷、醤油業は、野田・銚子、鋳物業は川口、陶業は瀬戸、製ろうは四国・九州などでそれぞれ行われていた。開港後になると、輸出の増大につれて、マニュファクチュアは一段と発達した。

つぎに、藩営マニュファクチュアの藩名と業種をあげると、薩摩藩の反射炉・ガラス・陶磁器・紙、福井藩の絹、佐賀藩の石炭、幕府・佐賀藩・水戸藩の造船・大砲鋳造、鳥取藩の砂鉄、熊本・津和野藩の製ろうなどが著名である。しかし、藩営マニュファクチュアは民間マニュファクチュアと異なり、農民が藩権力で労働力とされ、また西洋から輸入された設備で行われたもので、かえって商品生産の自主的発展を妨げたものといえる。反面、これによって、藩の軍事力及び経済力が強まり、また、維新後は造船などが明治政府にひきつがれ、軍事工業が育成された点などに、藩営マニュファクチュアの歴史的役割があった。なお、幕末・明治維新期の経済発展の度合をどう評価するかについては、いわゆるマニュファクチュア論争が昭和の初めからおこっているが、まだ結論はでていない。

② わが国のマニュファクチュアの発展の限界を述べよ。

わが国のマニュファクチュアの発展には、限界があった。それは、鎖国のために販路が限られ、市場が狭かったこと、幕府の統制によって農民には職業の転換や住居変更の自由がなく、そのために労働者を工場に集めにくかったこと。また、当時わが国の民間には、まだマニュファクチュアの発展に必要であった多くの資本と新しい知識がとぼしかったこと、さらに藩営マニュファクチュアがその発展を阻害したこと、などであった。

③ マニュファクチュアの発展は、封建社会にどのような影響を与えたか。

日本のマニュファクチュアは、その発展の前提条件である農民の封建制からの解放が十分に行われず、農村における資本の蓄積も未熟であったため、ヨーロッパにくらべて著しく遅れていた。すなわち、イギリスの毛織物マニュファクチュアのように、全国的な規模にまで展開せず、一部の商人や地主が経営する状態にとどまっていた。それにもかかわらず、この新しい生産様式の発生が封建社会に与えた影響は、大きかった。

その影響の第一は、農民を貢租納入者として土地に縛りつけておこうとする封建的支配の方針と、農民を賃労働者として扱うマニュファクチュアとが対立し、封建制の動揺をうながしたこと、第二に、かぎられた国内市場だけでは原料の入手や製品の販路に十分でなく、いきおい各藩経済の枠を破り、さらに海外にまで市場を拡大してゆこうとするので、必然的に幕府の祖法である鎖国政策を否定することとなったこと、第三に、この新しい生産の進行は、農村の分解を一層進めた。その結果、土地と農民に依存する武士の経済を破壊し、彼らの内部に封建制の危機の切抜策をめぐって保守と革新の対立が激化し、ひいては幕藩体制への反省・批判がたかまったこと、などである。このようにマニュファクチュアは、幕藩体制の基本方針を根本からゆるがし、その崩壊の一要因となった。

36

① 大塩平八郎が行動を起こそうとした背景に、前年どのような事象があったか。

P.265

一八三七（天保八）年二月、陽明学者で、もと大坂の町奉行所の役人であった大塩が、「救民」の旗印をかかげ、大坂天満で蜂起した。彼が蜂起したその前年は、全国平均作柄四分といういわゆる天保の飢饉のピークの年であった。このため米価をはじめ諸物価が騰貴し、農村の荒廃や農民・下層町人の困窮は甚だしく、各地に一揆・打ちこわしが頻発した。この大飢饉のため、天下の台所といわれ繁華を誇る大坂市内でさえ、餓死者が続出するという惨状を現出した。このとき大塩は、民衆の救済を大坂町奉行に献策し、自分は蔵書を売って貧民を救済したが、焼石に水であった。一方、この惨状を目撃しながら、市政の最高責任者の町奉行は、救済のための適切な手段を講じなかったばかりか、特権商人と結託して私利私欲にふけっていた。

これを見た大塩は、正義の怒りを爆発させ、檄文をつくって摂・河・泉・播の農民に蹶起を促し、町奉行に天誅を加え、貪欲な奸商たちをこらし、彼等の金穀を散じることによって飢餓に苦しむ貧しい市民・農民を救済すべく立ちあがったが、失敗した。

② 大塩平八郎の乱が幕府に大きなショックを与えたのはなぜか。

大塩の乱は、幕府をはじめ時代の動きに敏感な支配階級に大きなショックを与えた。例えば、水戸の徳川斉昭は、「浪華騒動のことを思えば、片時も黙視し難い……」といい、この乱をきわめて重視し、これをもって幕藩体制の危機を示す指標であるとして強烈にうけとめている。このように大きなショックを与えた理由の第一は、今までの一揆や打ちこわしなどの暴動は、支配者と被支配者との間に起こったものであったが、この乱は、首謀者の大塩がもと大坂町奉行の役人であるという体制内の人物であり、しかも公然と民衆を味方にして反乱を起こしたこと。第二に、場所が、幕府の重要直轄都市大坂であったこと。第三に、当時百姓一揆が「世直し」と称して政治的色彩を強く示しはじめた時期に起こったこと、などであった。

この乱の波紋は全国に及び、越後の柏崎では、国学者の生田万《よろず》が大塩の門弟と称して乱を起こしたのがその一例である。また、幕府はこの乱を契機に、幕藩体制の危機意識をより深め、この危機を打開するために天保の改革を断行するのであった。

37

① 株仲間を解散した理由を述べよ。

P.266

老中水野忠邦は、一八四一年、株仲間を解散した。その理由は、「問屋共の不正」にあった。その不正とは不当な値段の引き上げであり、したがって廃止のねらいは、武士階級を含む消費者生活の安定のため、物価引き下げにあったと考えられている。幕府は株仲間の解散によって中央市場への入荷数が急激に増加し、それにつれて物価を下落するだろうと考えたが、物価高は株仲間の存在のみが原因ではなかった。畿内の在郷商人たちは、国訴などの勝利によって大坂の株仲間商人の束縛を脱し、自由な流通機構を樹立しており、さらに藩財政の赤字に苦しむ諸藩は、財政建直しのため専売制を実施しはじめたこともあって、株仲間の機能は低下しつつあった。その他、奢侈・粗悪な通貨の流通・脇売買なども物価値上がりの要因であった。

要するに幕府の期待に反し、流通市場に混乱が起こり、ひいては諸色の品薄・値上がりという逆の現象となったのである。

② 江戸幕府の株仲間対策の経過を調べよ。

株仲間とは、江戸時代、幕府・諸藩の許可した独占的な商工業者の同業組合であり、公権力を利用して、同業者間の競争防止、生産者・消費者・他業者に対する仲間の利益・保護を目的として設立されたものである。

江戸幕府の株仲間対策の経過は、次のようであった。幕府は当初、楽市楽座の方針で、原則として商工業の営業は自由とした。したがって「座」を否認し、仲間もまた認めなかったが、次第に治安や取り締まりの維持に役立つものは認めるようになった。

　すなわち第一段階においては、外国貿易品の統制と警察的取り締まりの方針により、また幕府に対する功労の恩恵として、一部であるが仲間を認めたのである。糸割符仲間や質屋仲間などがこれである。

　第二段階においては、公安保持・良品製作や販売・商品検査などの必要上から仲間を認めた。寛文頃大坂で廻船問屋・質屋・材木屋などの仲間を認めたのがその例で、さらに元禄頃には仲間組織も一段と整い、江戸の十組問屋などが有名であった。しかし株仲間としては、黙認状態であった。

　第三段階の享保期には、株仲間を公認するに至った。それは彼等を利用して、物価引き下げをはかるためであった。このことはすでに商品流通や価格決定に対する株仲間の影響力を無視することができない段階にあったからである。

　第四段階の田沼期では、積極的に株仲間を公認した。それは運上金・冥加金を課して商業利潤を吸収し、悪化した幕府財政のたてなおしをはかるためであり、また彼等を通じて、商品生産と流通の統制・直轄都市の市場支配とをねらったものであった。

　本来株仲間は、その発展の前期においては、生産面・流通面・公正な価格の決定面などにおいて有効であったが、天明頃から株仲間成員・生産者・配給者などの自由な活動を阻害し、その独占機能が物価高をもたらし、消費者を苦しめる一因となり、為政者に対しては幕藩体制維持上好ましくない存在と考えさせるに至った。かくて第五段階では、株仲間を禁止する方向に向かったのである。すなわち、寛政の改革では、農村復興の前提として、市場統制権を特権商人層からとりあげるため、田沼の設けた人参座・鉄座・真鍮座などを、また江戸においては菜種問屋・綿実問屋などを廃止したのである。さらに天保の改革においては、株仲間が農村を荒廃させ物価を騰貴させて幕政を脅かすものと考えてその解散を命じたが、状況判断を誤って失敗し、一八五一（嘉永四）年の再興となったのである。

　なお、株仲間が座と異なるところは、座が荘園制下の狭隘な経済圏に順応して成長するために、営業税・市場税・関銭などの免除の特権を受け、寺社や領主に対してきわめて隷属性が強かったが、株仲間は独立性が大きかったことである。

38

① 上知令のねらいを述べよ。

P.268

　一八四三年水野忠邦が発令した天保の改革の重要な政策である上知令は、第一段として、江戸・大坂周辺地域にある大名の飛地領及び旗本領などを幕府の直轄地とし、その代わりに、大名たちにはその居城付近にその替地を給し、旗本には江戸・大坂周辺以外の知行地を給し、第二段として、この計画はさらに江戸・大坂の周辺のみならず全国的に諸大名その他の飛地を整理し、一まとめにしようとする意図をもっていた。

　そのねらいの第一は、幕府が替地を断行することによって中央集権的絶対権力の行使者たることを諸大名に再確認せしめること、第二に、領地の錯綜からくる支配体制のゆるみを防止すること、第三に、租率の低い幕領を年貢収納率の高い土地ととりかえて、幕府の財政収入を増大せしめ、さらに対外危機に対応する防備体制の強化という現実的要請にこたえようとするもので、きわめて重要な政治的・経済的・軍事的意義を持つものであった。

② 上知令に大名や旗本が反対した理由を述べよ。

　天保の改革の重要政策として、一八四三年九月、水野忠邦が断行した上知令は、その対象となった大名・旗本にとっては、いずれも深刻な財政難の折柄、現在以上の薄地に替地させられることはきわめて不利であったので、反対するのは当然であった。

　第一段階の江戸・大坂最寄りの上知にしても、ここに飛地を持つものは、ほぼ二一の大名と七六の旗本にのぼり、さらに第二段階の上知により、ほとんどの領主が影響をうけることになるのである。当時の老中土井氏や御三家の紀州家などもこの被害グループに含まれており、正面きって反対したのである。さらに領主層よりもっと衝撃をうけたのは、領地の百姓や町人たちである。領主がかわれば貢租が重くなる傾向のあることは、長い間の体験でよく知っており、また領主に対する年貢の前納分や債権も帳消しにされるおそれが十分にあったからである。老中土井氏が上知令に反対したのは、財政収入減より領民の激しい反対闘争をおそれたためでもあった。このような反対で、上知令は発令から一か月も経ないうちに撤回され、かつ、この失敗が水野の命とりとなったのである。

幕府の創業期には、簡単にできた大名の領地替えが、天保期には譜代大名に対してさえ容易にできなくなったことは、幕府の全国支配者としての実力が減退し、将軍と大名との主従関係がくずれはじめたことを物語っているのである。

③ 宝暦・寛政期と天保期の藩政改革の違いを述べよ。

幕府の政治改革と併行して、諸藩でも財政の危機を打開し、藩政の強化をはかるため、さまざまな改革を行った。

宝暦・寛政期の改革は、封建制度の枠内で難局を克服しようとするタイプであった。宝暦年間の熊本藩主細川重賢《しげかた》、寛政年間の米沢藩主上杉治憲《はるのり》、秋田藩主佐竹義和《よしまさ》などの改革は、その代表的なものであった。これら藩政改革の共通点は、藩主が有能な家臣の協力を得て積極的に指導して節約・倹約をすすめ、農政の振興や国産奨励につとめ、専売制をしき、その益金で財政難に対処したことである。また、支配の論理を確立するため藩校を設立し、儒学の興隆をはかったことなどである。この結果、藩政は一時たちなおり、深刻な財政危機をきりぬけることができたが、国産奨励を通じて商品経済が地方農村にまでより深く浸透するようになり、封建的な農村秩序に動揺をきたすことになった。

天保期の藩政改革は、一般的に、絶対主義的方向をめざした改革といわれている。薩摩藩・長州藩・佐賀藩などにおける改革は、その代表的なものであった。これらの藩政改革の共通点は、難局をきりぬけるために真の実力者を必要とし、門閥制度の打破・人材登用が行われたことである。

薩摩藩の調所広郷《ずしょひろさと》・長州藩の村田清風《せいふう》などはその例である。また、重商主義的政策が強く推進され、専売制度の強化・藩営工場の経営など封建制度から脱皮する方向で改革がすすめられたこと、さらに緊迫した国際情勢を反映して、大砲の鋳造など洋式軍事力を装備したこと、その他、一揆の鎮圧・借金の帳消し・家臣に対する半知などを強行に行い、藩権力の強化につとめたこと、などであった。このような新しい改革が、これらの藩を幕末政治史において、大きな発言力をもつ雄藩へと成長させたのであった。

④ 西南雄藩の藩政改革の成功は、幕末の政治情勢にどのような影響を与えたか。

幕府と西南雄藩は、時を同じくして天保の改革を行ったが、前者は失敗し、後者は成功した。後者の成功が、幕末の政治情勢に与えた最大の影響は、幕末の政局において、これら西南雄藩が大きな発言力を得、指導的地位を持つようになったことである。

西南雄藩が雄藩となり得た理由は、幕府や他の諸藩に先駆けて近代的軍事力の強化や、財政の再建に成功したこと、さらに経済圏の拡大や外圧に対応するため、藩の割拠主義を否定して、強力な近代的統一国家確立の理想を持っていたこと、などである。

39

P.270

① 国学の歴史的意義は何か。

国学が古典に示された神話をそのまま歴史的事実と信じて、そこに古道を求める復古主義の方法は、一面合理性を欠き、神秘思想に片寄った欠点をもっているにもかかわらず、その歴史的意義は大なるものがあった。

第一は、中世以来の和学の学問的態度、すなわち儒教や仏教の経典やその思想に基づいた文字上の註釈や解釈を排して人間の自然の心情を重視し、文献学的、実証主義的方法による研究により、古道を闡明《せんめい》にしたことである。

第二は、国学が強く復古主義に基づく尊王思想と国粋主義とを唱えて、わが国の思想史上大きな影響を与えたことである。すなわち国学は、すべての民が古道に従い、天皇の仁政のもとに平和な生活を営んでいたとし、当代においても天皇のもとでは武士も庶民も同等であるとした。このことは、武士階級の支配下にある庶民を尊王思想へとひきつける力となった。幕末期に、強い外圧と国内分裂や武家政治の無力とが人心に不安と動揺をひきおこしたとき、国学の復古主義は、国内の利害対立を超越した「天皇の権威」をおしたてた。特に平田学派は、神道復興、王政復古の熱烈な主張をかかげ、これが尊王倒幕の実践運動の思想的支柱となった。また、この復古神道思想や国粋主義の立場から、民衆に祖先崇拝や服従・奉仕を説いたので、農村共同体の崩壊をおそれる代官や豪農層の心をつよくひきつけたことも見逃し得ないし、また篤胤及びその学派が行った仏教に対する批判・攻撃により千余年にわたって国民生活に支配的地位を占めていた仏教に動揺を与えたのである。

第三は、平田学派が家族的国家という見地にたって国家的祖先教として樹立した神道は、太平洋戦争下に叫ばれた「八紘一宇」の精神のように、天皇制国家をささえる民族意識として生きつづけたこと、などである。

② 国学の研究態度および研究の対象は何か。

国学とは、江戸中期以降におこった復古主義的運動で、わが国の民族精神の根源である「古道」を古典の中に追求しようとした学問である。

その研究態度は、文献学的、実証的方法である。文献学的方法とは、古代人が認識し、記録して文献となっているものによって、古のありのままの生活や精神を再び知ろうとすることである。したがって、国学の研究対象は日本の古代であり、外国から儒教や仏教の伝来する以前の時代で、ここでは神の威力と恩恵に基づき、清浄な生活と純真で敬神尊王の心を持った人民と仁徳寛大な天皇により、理想的な国家があったと考える。これら古代のありのままの姿を知るために、万葉集・古事記・祝詞・日本書紀などの古典が重要視されたのである。

③ 国学の発展上、契沖・春満・真淵・宣長・篤胤の果たした役割を調べよ。

宣長が「わが古学は契沖はやくそのはしを開けり」（『玉勝間』）といったように、国学の出発は契沖に始まった。彼は中世歌学の表現上の制約や道徳的解釈を排して、自由な抒情の世界に唯一の真実を見いだし、そこに生の安らぎを求めたのである。その学問的態度は、独創的な解釈や推論を排して、古意に基づいて古典の真義を明らかにしようとするいわゆる文献学的、実証的方法であり、この背景には元禄期の人間性尊重や実証主義などの風潮があった。しかし彼は、国学が主要な課題とした古道にはまだ積極的な関心を示さなかった。

契沖のおよばなかった「古道」に目を向けたのが、荷田春満《かだのあずままろ》であった。彼は神官であっただけに、神道を復興すべく古学へ向かったのは当然であったが、さらに彼の世代の享保期は幕藩体制の動揺が進行しつつあったので、その解決の理想像を「古道」に求めたのである。ここに国学の目的が復古にあることがはじめて明らかにされたのである。さらに外来思想に対しては、「ふみわけよ大和にあらぬ唐鳥の跡をみるのみ人の道かわ」の歌に示されているように国粋主義的感情が強かった。また、『創学校啓』を幕府に上申し、国学の発展策をはかっている。

この傾向をうけつぎ、国学の体系化に着手したのが春満の門人賀茂真淵であった。彼が最も尊重し熱心に研究したのは万葉集であり、この歌風の中に、古代の人々の心情があからさまに歌いだされているとし、それを「直き心」とよび、この外来思想の影響をうけていない古代の「直き心」を明らかにするためには、まず万葉集を調べ、万葉調の歌をよみ、つぎに記紀以下の古史・古典に入るべきであるとした。かくして、明らかになる古道を今にいかして、退廃せる人心を再び振いおこすことができるとした。この真淵の学問と思想によって古典学の研究は一層進むとともに、復古主義の立場がより強く築かれたのである。

真淵の研究が主として万葉集にとどまっていたのに対して、さらに研究の対象を古事記その他にまでひろげ、国学を大成したのは本居宣長であった。彼の学問と思想を最もよく伝えるものは、『古事記伝』とその総論にあたる「直毘《なおびの》霊《みたま》」である。彼は、はじめ『源氏物語』などの研究によって、文学の本質は、物事に深く感動して「もののあわれ」を知り、これを表現することであると考え、世俗の道徳・信仰や学問とは全く別の意義を持つものであると主張した。その後、古事記の研究に入り、これこそ古代日本人の思想・感情・風俗などをありのままにしるした尊い書であると考え、文献学的に研究し、古事記にある天地開け初めの神話に基づいて、万物を生成する至高の神霊として「産霊《むすび》」を考え、さらに古道の本質については、自然にして純粋なる「直毘霊」という霊力をもって説明した。この霊力は人間の正しい道の根源であり、人の心にあっては「真心《まごころ》」となり、真心を失わぬところに神意にかなった自然のままの生活が営まれると考えた。このように宣長の思想は、宇宙の根源より人生・道徳・文芸に至るまで、自然尊重と人間性肯定の考え方によってつらぬかれていた。

この特色によって、国学は春満以来の復古の学としての思想的基礎を固め、儒学や仏教に対立して独得の学問をきずくことができたのである。なお、封建制の矛盾が進みつつあった田沼時代の社会的現実をみつめた宣長は、被支配層の民衆の心情にたち、彼らが「楽しく世をわたらふ」（直毘霊）ことができるような政治の安定を支配者に求めながら、一方では「人の今日の行ひは只其時々の公の御定を守り世間の風儀に従ひ候が即ち神道にて候」（くず花）といって、幕藩体制を肯定している。そこに宣長国学の限界があった。

　宣長の古道説を神道思想の面で継承発展させたのが、平田篤胤であった。宣長国学の文学的要素をすてて、神秘的な神代信仰の復古神道を唱えたのである。それは古代神話により、日本は神が生んだ国であり、したがって神道に基づき天皇親政が行われるゆえ、万世に変わりなく栄え、世界の中心たるべき地位にあるという神国観に基づくものであった。天保期は、時まさに幕藩体制が崩壊に瀕しており、外圧などにより危機意識が一段とたかまっていた。このような情勢のなかで、篤胤の復古神道は、幕末のイデオロギーである尊王攘夷論の有力な指導精神となったのである。

40

① 蘭学はどのように展開したかを調べよ。

P.272

　西洋の学問は、一六世紀半ば以降鎖国までは、主としてポルトガルを通して輸入された。ついで元禄期の西川如見と正徳期の新井白石が、洋学研究のさきがけとなった。白石が洋学をキリスト教の問題ときりはなして考えたことは、実用の学として洋学を採用する突破口となった点にきわめて重要な意義を持っていた。この実用的洋学摂取を幕府の政策の一環として積極的におしすすめたのは、吉宗であった。吉宗の実学奨励の方針に加えて、学問の諸分野における実証的・経験主義的な気運のたかまりが、やがて次代の蘭学隆盛の基盤となった。すなわち、田沼期に前野良沢と杉田玄白らによって行われた『解体新書』の翻訳は、わが国における西洋近代科学の体系的研究の発端として、画期的なできごとであった。「蘭学」という名称もこのときに始まったといわれる。解体新書翻訳後、医学は、大槻玄沢・宇田川玄随らによって本格的に発展しはじめた。さらに玄沢の蘭学塾「芝蘭堂《しらんどう》」やその後シーボルトの「鳴滝塾」などは、蘭学発展の上で大きな役割を果たしたのである。また、天文学では志筑忠雄《しづきただお》が活躍するなど、その研究分野も拡大していった。

　蘭学の普及発達にともなって、その中から封建制下の日本の政治や社会に対する批判がおこってきた。このことは封建為政者にとって好ましいことではなく、「寛政異学の禁」を行った背景には、この批判的動向をおそれる面もあったのである。しかし、蘭学の実学としての有用性にはすでに無視し得ないものがあり、幕府はこの後も蘭学者の思想統制を強化する反面、一八一一年、蛮書《ばんしょ》和解御用《わけごよう》（一八六二年には洋書調所《ようしょしらべしょ》と改称）を設けて、有能な蘭学者を登用したのである。また、幕府や藩は対外問題が急迫するにつれて、殖産興業や国防強化のために洋学の必要性を痛感した。かくて洋学は、幕府や藩の公の学問として、その保護と育成のもとに発展の道を歩んだのである。ことに安政の開国以後は、蘭学のみならず、英・仏・独などの諸学を移入され、同時に歴史・哲学・法制・経済・政治などの人文科学の諸分野も開拓されて、西洋諸国の政治や社会制度がいっそう明らかにされてくるとともに、日本の近代化のために洋学はますます重要視されてきたのである。しかし、洋学が封建制補強の役割から逸脱して幕政批判に及ぶときは、常に弾圧が加えられた。シーボルト事件・蛮社の獄などは、その顕著な例である。

② 幕府は蘭学を奨励しつつも蘭学者を弾圧したのはなぜか。

　幕府が蘭学を奨励した目的は、あくまで封建制補強のための実学としてであった。しかし、蘭学がその普及・発達に伴い、西洋の科学思想自体の持つ近代性と蘭学を通して得られた西洋事情に対する理解の深まりによって、封建為政者の側の意図をのりこえ、日本の文化・政治・社会制度の後進性に対する批判性をたかめてゆくことは当然であった。このことは、封建体制の矛盾に苦悩する幕府にとって、頗る危険な学問と映じ、一方では奨励しながら他方では弾圧するという矛盾におちいったのである。

③ 解体新書翻訳の意義を述べよ。

　一七七四（安永三）年、中津藩医前野良沢・小浜藩医杉田玄白・同中川淳庵

らが、『解体新書』翻訳の大事業を完成した。

その翻訳の意義は、第一に、その翻訳が彼らの「天下後世生民のため」に捧げた人間愛や不屈の学問的情熱と、厳しい科学的実証精神のあらわれであったこと、第二に、オランダ語が長崎通詞の専有物であった中で、「いかにしても通詞らの手をかりず読み分けたきものなり」と苦心して、ついに語学を通詞の専業から解放したこと、第三に、吉宗の実学採用に見られるような封建制強化の政策をはなれ、「限られた世界から西洋学術を解放して」医学をはじめとする近代学術の発展上、偉大な足跡をのこしたこと、などである。

41

① 昌益は封建支配者である武士をどうみていたか。

P.275

八戸の町医者であった安藤昌益は、一八世紀半ば、すべての人々が平等に耕す自然の世界を理想とし、身分制の世のなかを強く否定した。したがって、彼の武士観は、「上に武士立ちて、衆人の直耕せし穀産を貪り、之を拒む者あれば捕縛す。下民収斂に苦んで不幸を慈むこと能はず。故に窮民を生ず。民を馭する、吾子を愛する如くすなど云ふは、以ての外の失言なり」(『統道真伝』)によく示されている。昌益の最も尊敬したのは、自ら耕し食う「直耕直食の真人」である百姓であり、武士などの支配階級はこれに寄生する「不耕貪食の徒」であり、社会のいっさいの罪悪は、このような寄生階級の「不耕貪食」の徒が存在するからであるとみて、その存在を全面的に否定したのである。

② 昌益の思想の限界を述べよ。

昌益の生きた時代は、一言でいうならば、幕藩体制が根底から動揺しはじめた頃であった。この時に、昌益は熱烈な批判精神を持ち、封建経済下における生産者としての農民階級を擁護する立場をとった。彼は、いっさい支配者のいない「自然世」を理想社会とし、孔孟のような聖人・君子の学説も支配階級の立場を合理化するものにすぎないと説いた。昌益は江戸時代において、封建社会を正面から否定した唯一のすぐれた思想家であったが、その思想にも次のような限界があった。

その第一は、「自然世」の実例を上代の日本に見いだし、天照大神とともにその神道を彼の考える「自然世の真道」と同じものと見ているように、日本の神話を無批判的に受け入れていること。

第二に、彼の考えからは「法世」を「自然世」に転換させる契機は出てこないこと。すなわち彼が「自然世」への復帰を説くあまり、ついに人間の自主性や経験的知識を否定するに至ったこと。彼のいう「智は盗の根」ということは、結局、学問の全面的否定を意味したのである。

第三に、昌益は商業資本の寄生的側面のみにとらわれ、貨幣経済の発展の中に社会の進歩が含まれていることを認識できず、貨幣経済を否定したこと、などである。

要するに、昌益の思想は、あらゆる意味で、時代の所産であった。後進的で当時窮乏の最も甚だしかった東北の農民社会を背景とし、封建制下の支配的な学問である朱子学的教養に培われた彼の思想は、学問的に束縛され、科学的にも時代の水準より低いものであった。そのため以上のような限界があったにせよ、当時としては驚くべき先駆者であったのである。

42

幕府が林子平を処罰した理由を述べよ。

P.276

林子平は『海国兵談』を著し、わが国の海防の重要性を力説し、幕府が重点をおいた長崎よりも、安房・相模の沿岸に海防設備を設けよと説いた。当時、日本の近海、特に北辺においては、ロシアとの間に通商問題が起こっていた。北方問題に重大関心を寄せた幕府は、すでに最上徳内を蝦夷地に派遣して、かの地の事情を調査するなど、子平同様海防の緊要性を痛感していた。それにもかかわらず、子平を処罰した理由は、第一に、対外問題のみならず幕府の政策に批判を加えたりする動きは、幕政に混乱をきたし、幕藩体制を維持するうえで大きな障害になると考えたこと、第二に、幕府はこのような批判的な考え方が、前代から高まってきた百姓一揆や打ちこわしにみられるような民衆の反抗的エネルギーと結びついたときの危険性を強く感じたためであった。

43

① 利明の思想の特色を述べよ。

P.277

一八世紀の後半、田沼時代は幕府の政策もたんなる生産物地代の増徴方針から進んで農業経営の再生産をささえている商品生産に収奪のほこ先を向けるようになり、諸藩もまた殖産興業の藩営商業を財政再建のための不可欠な手段と考えるようになった。このような一種の藩重商主義的風潮下にあって、これをこえた構想の経済論を展開したところに利明の思想の特色があった。それは、富国の基礎として、「四大急務」すなわち国内開発・金銀採掘・商業貿易・属島（蝦夷地）開発などを説き、さらに鎖国を批判し、積極的な貿易振興による国力の強化を説いている。ことに外国貿易をなすことが「国君ノ天職最第一ノ国務」（『経世秘策』）なりとする一種の絶対主義国家による重商主義政策の主張であったことは、注目に価する。なお、このような先見性に富む考えも、一八世紀末の段階ではまだ幕府当局の政策に具体的な影響を与えるまでには至らなかった。

② 利明のほかに積極的交易論を主張したのはだれか。

利明のほかに積極的な交易論を主張した人は、文政から天保期にかけて活躍した佐藤信淵《のぶひろ》であった。彼は、『経済要録』・『混同秘策』などで、国君中心の国家改造を行い、すべての産業を国営として積極的に海外に発展すべきであると主張した。すなわち、日本がイギリス同様島国であり、したがって航海・通商をおこす地理的条件に恵まれているので、船舶を建造し、航海術をたかめ、外国と交易を行うべきであり、さらに蝦夷地を開拓し、カムチャツカをはじめ南北の諸地域を攻めとってわが国の領地にすべきであるという侵略的発展策にまで及んでいるのである。

44

山片蟠桃や富永仲基らの学んだ「懐徳堂」について調べよ。

P.278

将軍吉宗の教化政策の特色の一つは、聖堂の学問を一般に公開し、しかも人材を登用して講学に当たらせたことであった。この様な風潮と大坂町人の向学心とから大坂に懐徳堂が生まれたのである。これは一七二四（享保九）年鴻池屋ら大坂町人の援助により、中井甃庵《しゅうあん》を中心として設立された学校で、初代学主は三宅石庵であった。甃庵の子竹山・履軒らが教授となり、朱子学のほか陽明学なども講じた。その自由な学風は町人の気風とも一致し、しかも町人の求めた学風は厳密な理論や考証ではなく人生の教訓であり指針であった。このことはその壁書に、「学問は忠孝を尽し、職業を務めることが目的で、講釈もただこの趣を説きすすめることを第一とするものであるから書物を持たない人も聴聞してさしつかえない。急用ができた場合は、講釈半ばも退出してよい」と記されていることでも明らかである。

要するに懐徳堂は、大坂町人の知的欲求と彼等自身のために設立された文字通り町人の学問所であった。それ故、たとえ宋儒以来の定説であっても、聴講生の実生活にそぐわない非合理的内容は根拠のないものとして退けられ、受講者もまた自家中心の日常倫理に適応させるという実学的受け止め方で学んだのである。このような懐徳堂から山片や富永などの独創的な学者が出たことは決して偶然ではないのである。

第7章　近代国家と文化の成立

1 一八世紀末から一九世紀前半に開国を求めてきた諸外国に幕府はどのように対処したか。

P. 285

日本が鎖国をしている間に、世界の情勢は大きく変化し、政治的には、英・米・仏などは市民革命の成功によって民主政治の体制を、経済的には、一八世紀以降の産業革命が進行して資本主義体制をつくっていた。これら先進諸国は海外市場の拡大を求めて後進のアジア諸地域への進出を開始し、次第に通商貿易を求めるようになった。最初、日本に開国を求めてきたのはロシアで、つづいて英・米の各船が来航し、幕府に強い圧力をかけるようになった（ただし、ロシアはまだ重商主義の段階である）。

これに対して幕府は、老中松平定信の安房・伊豆などの巡視・蝦夷地の直轄化とその警備の強化、北辺の探検（最上徳内・近藤重蔵・間宮林蔵）、地図の作成（伊能忠敬）などいろいろと対策をたてたが、その根本方針は鎖国体制の堅持であった。すなわち、対外的には態度に多少の硬軟の差はあったにせよ、一八〇六年の「薪水給与令」、一八二五年の「異国船打払令」、一八四二年の「天保薪水給与令」（アヘン戦争の影響）などを出したり、あるいは、一八四四年、「オランダ国王の開国勧告」に対して翌年に謝絶している。また国内では、林子平の処罰や蛮社の獄などに見られるように、批判的な言論を厳重に取り締まった。しかしながら、資本主義列強の攻勢は激しく、しかも幕藩体制は崩壊の道をたどっていたので、鎖国の方針を守り通すことは不可能であった。かくて日本は、アメリカの強圧に屈して鎖国政策を放棄することになり、厳しい国際情勢にまきこまれたのであった。

2 アメリカが日本の開国を要求した理由を述べよ。

P. 286

一七八三年、独立を承認されたアメリカは、一九世紀に入ると、急速に発達した紡績業を背景として、中国との貿易に力をいれた。また、捕鯨船が北太平洋で活躍していたので、貿易船と捕鯨船の避難地や薪水・食料の供給地として日本の開国を求めていたのである。一八四六（弘化三）年、浦賀に来航したアメリカ東インド艦隊司令長官ビッドルの貿易開始の要求は、幕府に拒否されたが、一八四八年、カリフォルニア金鉱の発見によって西部の開発が急速に進んだアメリカは、喜望峰迂回インド洋経由の従来の航路から、サンフランシスコ～上海にいたる太平洋横断新航路の開発によって、対中貿易の拡大をはかった。このような情勢の中で、必然的に寄航地としての日本の位置は重要視され、一層日本の開港を必要としたのである。

3 日米和親条約の第九条は、なぜ日本にとって不利なのか。

P. 288

第九条は、一方的な最恵国待遇をアメリカに認めたものである。これは、日本が、将来、他の国と結んだ条約において、日本がアメリカに与えたよりも有利な権益を認めたときは、アメリカにも自動的にその権益を与えるというものであった。本来、最恵国款は、双務的であることが原則であるが、国力に差のある場合、片務的に規定されることがある。この第九条は、片務的であるがゆえに不平等であり、日本には不利なものであった。

なお、欧米諸国との間に最恵国待遇の双務的協定が規定されるのは、一八九四（明治二七）年七月の日英通商航海条約が最初である。

4

① 日米修好通商条約が不平等といわれる点を指摘せよ。

P. 291

この条約の不平等な点は、第一に、領事裁判権（治外法権の一つ）を認めたこと、第二に、関税自主権を持たず輸出入物品税（関税）は協定税率制をとったこと、第三に、和親条約で決められた片務的最恵国条款を認めたこと、などの三点であった。日本がこのような条約を結んだのは、国力の弱さと幕府当局の国際法に対する認識不足によるものであった。

なお、以上の三点のほかに、開港場に居留地を設けたり、条約の有効期限が定められなかったことなど、多くの問題点を残すことになった。

② 改税約書により関税率を引き下げざるをえなかった理由を述べよ。

幕府がこの不利な関税率を認めた背景には、下関砲撃事件の賠償金支払い延期と、修好条約で定められた兵庫開港の期日を延期せざるをえなかったことに対する代償に加えて、第二次長州征伐を前に対外紛争を避ける必要があったことがあげられる。が、この不平等条約を改正するため、明治政府は四〇年の歳月をかけるのである。

なお、四国艦隊下関砲撃事件の講和成立後、幕府および長州藩と外国公使団との交渉で確定した賠償金額は三〇〇万ドルという法外なものであった。連合国は、長州藩の外国船砲撃が朝廷および幕府の命令によって実行されたものであるから、賠償金の支払いは幕府がするものとし、もし幕府が下関またはその付近の開港を認めれば、賠償金はいらないとした。その本意は、幕府に高額な賠償金を要求し、それを免除するかわりに下関を開港させようというところにあった。幕府は、財政難にもかかわらず敢えて賠償金支払いの道を選んだ。この支払い方法は五〇万ドルずつ六分割して一年六か月以内に支払いを済ませることになっていたが、連合国の予想したとおり、その支払いに困難をきたし、支払い延期となったのである。

5 開国による物価騰貴の原因を述べよ。

P. 292

通商条約に基づく貿易は、一八五九（安政六）年から横浜・長崎・箱館の三港で開始された。

貿易額は年を追って増加し、一八六六（慶応二）年までは輸出超過であった。この間、輸出の激増した物資はたちまち品不足におちいり、また幕府・諸藩が内外情勢の重大化に伴い、米穀・必需品を貯蔵したためもあって、生糸・米穀をはじめ諸物価が騰貴した。このため幕府は、貿易統制と需給の不均衡を調整する意味から、一八六〇（万延元）年、「五品江戸廻送令」を発して、生糸や呉服・水油・雑穀・蠟《ろう》などの生活必需品を江戸の問屋を経由させて横浜へ廻送させることにしたが、外国側や荷主に反対され、ほとんど効果があがらなかった。

さらに、当時の金銀の交換比率が外国では一対一五であるのに対し、日本では一対五であったため、外国商人は貨幣の取り引きによって莫大な利益をあげることができた。すなわち、メキシコドル（洋銀）を大量に日本に持ちこんで日本の一分銀にかえ、それをさらに小判にかえて海外に持ちだし、約三倍の洋銀を獲得したのである。そのため、金貨が大量に海外に流出した。そこで幕府は、一八六〇年、貨幣改鋳を行って品質を引き下げ、その大量流出を阻止しようとした。しかし、この措置は一方で、貨幣流通の混乱と物価の騰貴を促進させることになった。

6

P. 294

① 尊王斥覇論の推移を調べよ。

尊王斥覇論は、儒学の国家思想に基づくもので、仁徳を持ち天命を受けて民を治める王者を尊び、武力で政権を握った覇者を賤しむという思想である。この考えを江戸幕府にあてはめて、天皇と幕府との関係を説明した。すなわち天皇の絶対性を認め、治安維持・民生安定のため天皇が将軍に政権を委任したという、いわゆる政権委任論で幕府が正当であることを説いたのである。したがって、幕府が政権委任を受けながら、その責任を果たす実力を失ったときには、政権永続の根拠がなくなるわけである。

尊王斥覇論は、江戸中期以降、幕藩体制が動揺しはじめ、下級武士・庶民の困窮が甚だしくなるにつれ一部の学者の主張から一段と拡大して、幕府に不平を持つものの間に受け入れられた。天皇親政の古代を理想視してその時代に復帰すべきことを主張する復古思想の興隆やその他外圧の影響などにより、尊王斥覇の思想は、一八世紀中頃以降から漸次尊王倒幕の思想へとかわり、幕末の政変に際して、思想上大きな役割を果たしたのであった。

② 尊王論の系譜について調べよ。

尊王論とは、天皇の古代的権威に基づき、天皇を尊崇する思想である。この尊王論の系譜には、儒学・国学・史学の三つがある。

㈠ 儒学　江戸時代の幕藩体制を支える精神的支柱は儒学思想であり、この思想の大義名分論においていわゆる尊王斥覇の考えがあり、それを幕藩体制にあてはめ、政権委任論で幕府の存在を正当化した。したがって、江戸前期においては、尊王思想と幕府支配とは矛盾することなく、この尊王思想によって将軍を権威づけ、幕府を補強するものでさえあった。しかし、中期以降幕藩体制の矛盾が拡大するなかで、尊王斥覇の本来的な思想が一部学者の主張からさらに広がり、幕府に不平を持つ者の間にまで受け入れられていくようになった。特に宝暦・明和期には、山崎闇斎の流れから竹内式部や山県大弐らがでて、幕政批判の立場で尊王論を説くようになった。

㈡ 国学　江戸時代の国学の中心は復古思想である。この思想の根源には、神国観があった。それは古代神話によって、日本は神が生んだ国であり、神意に基づき、天皇親政が行われるゆえ、万世に変わりなく栄え、世界の中心になるべき地位にある、という主張であった。この神国観から必然的に一方では国粋主義が生まれ、他方では天皇尊崇の観念が発達した。したがって、外国に対しては国粋主義を宣揚し、国内では敬神尊王によって人心の振起をはかろうとしたのである。このような考えを述べた代表的人物は国学の大成者本居宣長（古道説）であり、また宣長の古道説が平田篤胤の復古神道にうけつがれて、熱烈な尊王思想と国粋思想は一段と高まり、幕末において倒幕を正当化する有力な根拠となった。さらに、明治維新を王政復古へと導く大きな思想的役割をになったのである。

㈢ 史学　一四世紀前半、北畠親房の著した『神皇正統記』は、神武より後村上天皇までの歴史を神国思想に基づき大義名分を核心として展開したユニークな歴史書である。この書の特色である大義名分思想の影響を大きくうけたのは、『大日本史』や『日本外史』などであった。『大日本史』は、水戸光圀が朱舜水・栗山潜峰や三宅観瀾などをはじめ多くの学者を集め、朱子学の大義名分論の史観により編纂事業を代々行った。この修史事業を通して、水戸藩内には「水戸学」とよばれる一つの学風が生まれた。その主張は、藤田東湖の『弘道館記述義』や会沢正志斎の『新論』などであきらかであるように、神国思想のもとに、古代の天皇親政を理想とし、敬神尊王と道義的実践とを強調するものであった。また、頼山陽の『日本外史』も、源平争乱から徳川氏に至るまでの武家の盛衰を述べたものであるが、『史記』に範をとり、天皇親政の大義を強調したので、尊王思想の鼓吹に大きな役割を果たしたのであった。

③ 尊王論と攘夷論が結びついて、現実的政治運動の理論となったのはなぜか。

尊王論と攘夷論はもともと別個の思想であり、いずれも、本来、幕藩体制を否定するという性質のものではなかった。しかし、ペリー来航以後、開国の是非をめぐって論議がふっとうすると、それまでの観念的な尊王論と攘夷論とは、一つに結びついて現実的政治運動の理論となり、幕末政治運動の大きな潮流となった。

開港後の経済混乱や物価騰貴は、攘夷論を激化させた。さらに、無勅許のまま通商条約に調印し開港に踏み切った幕府に対する不信感が深まり、開港に反対であった朝廷に攘夷の実行を期待する声が高まって、尊王論と攘夷論が強く結合した。そして、幕政批判の政治運動としての尊王攘夷運動が展開されたのである。

7 イギリスとフランスの対日政策の違いを述べよ。

P. 295

① 日本の政局の見通しについては、イギリスとフランスとの間に大きな相違がみられた。

イギリスは、はじめ幕府を正当の日本政府とみて、国内の攘夷派に悩まされている幕府に同情し、これを支持していたが、幕府の弱体を見抜き、反幕勢力支持に転じた。

イギリスが従来からの対日外交の方針を改めたのは、薩摩藩が一八六三（文久三）年の薩英戦争を契機に近代文明の威力を知り開国策に転じたことや、攘夷の急先鋒であった長州藩も翌年の下関砲撃事件のあと開国に転じたことによるほか、薩長などの西南雄藩が天皇をいただいて将来日本の中心勢力になると考えたからである。このようなイギリスの対日政策を推し進めるに当たって、公使オールコックおよびその後任パークスの活躍はめざましかった。

これに対してフランスは、あくまで幕府を支持する方針をとり、経済・軍事などの面で積極的に援助を行い、幕府による全国統一に期待をよせた。しかし、イギリスに対抗して独自の対日外交を展開しようとしたフランスの政策は、公使ロッシュの努力にもかかわらず、一八六六（慶応二）年、フランス本国の政策転換（対英協調政策）と幕府勢力の衰退のため、仏幕提携は最後の段階で失敗に終わった。

② イギリスが対日貿易の主導権を握った理由を述べよ。

通商条約に従って、一八五九（安政六）年六月、横浜・長崎・箱館の三港が開かれ、貿易が始まった。輸出入ともにその額は横浜が圧倒的に多く、主に生糸・茶・蚕卵紙・海産物などの半製品や食料品が輸出され、毛織物・綿織物・武器・艦船などの工業製品が輸入された。当時の貿易については、貿易船や商館の国籍別の統計によって、横浜の場合イギリスが八割以上を占めていたと推定される。

開国に伴い、日本市場における列強の競争が激化する中で、イギリスが対日外交および貿易で主導権を握ったのは、次のような理由による。第一に、産業革命の先駆をなし、資本主義を最も発展させていたイギリスが、すでに対清貿易で先頭にたっており、その第一線で活躍していたイギリスの各商社が開国後いち早く横浜に商館を設けて日本進出を積極的に行ったこと。第二に、主要貿易において双方の要求を満たすためには、日英間の貿易が最適であったこと。第三に、開国に先鞭をつけたアメリカが南北戦争（一八六一〜六五年）のため後退を余儀なくされたことなどであった。

8 「ええじゃないか運動」が起こった当時の政治情勢を述べよ。

P. 296

一八六七（慶応三）年八月から翌年にかけ、名古屋地方に始まり、東海・近畿・四国などの各地に広がった「ええじゃないか」の乱舞は、幕府が倒壊寸前という状況の中で、世直しを求める民衆の気持ちを反映しながら「おかげ参り」の伝統と結びついて、民衆を宗教的な狂乱の踊りにまきこんだものであった。このような混乱は、幕府の支配機構を麻痺させ、倒幕を推進する側にとって好都合な現象であった。この自然発生説に対して、倒幕派がこの乱舞を工作し、助長させたという説もある。

この間、薩長両藩の指導者たちは、岩倉具視らと連絡をとり討幕の密勅下賜の工作を行い、慶応三年一〇月一四日これを手にした。一方、京都において大政奉還運動に奔走していた土佐藩は、一〇月三日、徳川慶喜に大政奉還を勧める建白書を提出し、慶喜はこれをいれて、同月一四日、大政奉還の上表を朝廷に申し出た。朝廷は、翌日これを勅許した。このため、出鼻をくじかれた倒幕派は、この年一二月九日を期して王政復古の大号令を発し、一挙に慶喜の公議政体策を覆して政権を奪取するクーデターを敢行するのであった。

9 土佐藩は、どのような政治的立場をとっていたか。

P. 297

土佐藩は、一八六四（元治元）年、藩内の尊攘派を弾圧して以来、幕藩体制を前提とする公武合体論を藩の基本方針としていた。

しかし、第二次長州征討の失敗、公武合体の意向の強かった孝明天皇の急死などにより、倒幕運動が激化する中で、大政奉還論が土佐藩の藩論となっていった。土佐藩の大政奉還論の骨子となったのは、坂本龍馬のいわゆる「船中八策」であった。これは、幕府が政権を返上したのち、天皇中心の諸侯会議が権力を持つ統一国家構想を八カ条にまとめた公議政体論であった。坂本案に同調した後藤象二郎が前藩主山内豊信を動かし、この公議政体論に基づいて大政奉還を将軍慶喜に勧めたのである。これにより、土佐藩は、武力倒幕派の機先を制し、天皇のもとで慶喜にも重要ポストを与える諸侯会議によって、国政を運営する雄藩連合政権をつくろうと図ったのである。

10 慶喜が大政奉還を決意させられた内外の情勢を述べよ。

P. 298

一八六七（慶応三）年を迎えると、幕末史もいよいよ最後の大詰めとなる。家茂のあとをうけて慶喜が一五代将軍になったのは前年の一二月であったが、その後の幕府は、フランス公使ロッシュの助言をえて、思いきった幕政改革を実行して、幕権回復の工作を推し進めていた。この間、一八六六（慶応二）年一二月、倒幕に反対していた孝明天皇が急死したが、このことは倒幕に協力する岩倉具視ら急進派公卿の勢力を強める結果となり、同時に薩長両藩と岩倉らとの提携を強めることになった。

さらに、一八六七（慶応三）年五月、薩摩・土佐・宇和島・越前の四侯会議が長州藩処分問題・兵庫開港勅許問題などで決裂したのを契機に、薩摩藩はついに武力倒幕の方針を固め、九月には薩摩・長州・芸州の三藩による武力倒幕の盟約が成立し、一〇月一四日には討幕の密勅が薩長両藩に出された。一方、土佐藩は、公議政体論による国家体制を構想し、薩長の倒幕運動をそらす工作として、慶喜に先手を打って大政を朝廷に返上せしめる建白書を提出するのである。

土佐藩の建白をうけた慶喜は、薩長などの倒幕運動の高まりをおさえて新政権成立後も引き続き主導権を確保するためには、土佐藩の説く公議政体論を利用できると判断し、さらにこのような政治的混乱が諸外国の乗ずるところとなるのを恐れて、大政奉還を願いでた。それは、討幕の密勅が下ったのと同じ日であった。

また、幕府支援をおしまなかったフランス公使ロッシュに対し、日本国内の政局に中立の立場を装っていたイギリス公使パークスは、この大政奉還を歓迎した。

11 ① 王政復古を進めようとした勢力は何か。

P. 299

王政復古による天皇中心の新政府樹立のため、主軸になって活躍したのは、岩倉具視・大久保利通・西郷隆盛・木戸孝允などの武力倒幕派の人びとであった。

これらの人びとによる政変は、大政奉還の勅許によって出鼻をくじかれた朝廷内および薩長などの倒幕派勢力がまきかえしを画策したもので、土佐藩の主張するような公議政体論を押さえ、新政権から徳川氏の勢力を排除しようとするものであった。

② 王政復古の大号令が発せられたのち、慶喜の処遇はどうなったか。

王政復古の発せられた慶応三年一二月九日の夜、三職による小御所会議が開かれ、岩倉らの武力倒幕派と山内豊信らの公議政体派の間で慶喜の処遇をめぐって激論がたたかわされた。その結果、岩倉らの主張が通って、慶喜に内大臣の辞職と領地の返納を命ずる強硬措置が決定された。これは、慶喜を新政権から全く除外するとともに、徳川氏に徹底的に打撃を与えようとするものであり、旧幕府に対する挑発でもあった。

このクーデターの成功によって新政府内部は武力倒幕派が優位にたったが、そののち公議政体派の働きかけもあり、さきの辞官・納地要求はやや緩和される気配があらわれた。この動きに焦慮した倒幕派は、旧幕府側を刺激して戦いの機会をとらえようとし、江戸の薩摩藩士が浪士を動かして江戸市中に騒動を起こさせた。この間、慶喜は二条城から大坂城に退去していたが、旧幕府側は、この京や江戸における倒幕派の挙動に憤慨して、慶応四年一月一日、天皇側近の奸を討つとして京に攻めのぼった。しかし、薩長の藩兵を主力とする新政府軍と鳥羽・伏見で戦って敗れ、慶喜は海路江戸にのがれた。

ここに新政府は、慶喜の官位を剝奪し、幕府直轄領の政府直轄を布告するとともに、有栖川宮熾仁親王を東征大総督とする征討軍を江戸の攻略に向かわせた。旧幕府側には決戦を主張する者もいたが、慶喜は征討軍の江戸総攻撃を前にして恭順の意をあらわし、上野寛永寺大慈院に閉居謹慎した。また、静寛院宮（和宮）の嘆願もあり、さらに旧幕臣勝安芳と征討軍参謀西郷隆盛の会談が行われた結果、江戸開城と軍艦・武器の引き渡しを条件に、新政府は慶喜の助命（水戸謹慎）と徳川氏の存続を決定した。こうして、徳川宗家は、田安亀之助（徳川家達）が家督を継ぎ、駿河府中（静岡）の城主として七〇万石を封ぜられた。

12

P. 302

① 五箇条の誓文の要点をあげよ。

五箇条の誓文は、天皇が天地神明に誓うという形式で公布された、維新政権の基本方針である。その内容は、公議世論の尊重、開国和親などを骨子とするものであった。

② 五箇条の誓文が天地神明に誓うという形式をとった理由を述べよ。

この誓文は、由利公正が起草し、福岡孝弟の修正を経て、木戸孝允が修正・加筆し、最終的に岩倉具視・三条実美も加わって成文化されたものである。由利・福岡案では、公議政体派の列藩会議の主張がもりこまれ、天皇と諸侯がともに盟約する形式がとられたのに対して、最終的には、天皇自らが公卿・諸侯以下文武百官を率いて天地神明に誓うという形式で公布した。これは、新政府における天皇の絶対的権威を形式のうえでも表すことによってこの国是を権威づけ、国内の諸勢力を新政府に結集させようとするものであった。このことは、誓文の第一条の「広く会議」が、決して単なる「列侯会議」を意味するものではなく、むしろ新政権に諸藩および諸政治勢力を結集させようという政治的意図を秘めていたことと同じものであろう。

13

P. 303

① 五榜の掲示は新政府のどのような性格を示しているか。

五箇条の誓文の発せられた翌日、政府（太政官）は一般庶民の守るべき心得として五つの禁令を高札という形で掲示した。このうちはじめの三札は定三札として永世の定法とされ、五倫の道を勧め、徒党・強訴・逃散を禁じ、切支丹邪宗門を禁じたものである。形式・内容とも旧幕府時代の政策をそのまま継承するもので、新政府が庶民に対し封建的支配者として臨もうとした姿勢を示しており、明治政府の本質を端的に物語っている。

あとの二札（四札・万国公法の履行、五札・郷村脱走禁止）は一時の掲示とされ、混乱の中で外国人に対する暴行の禁止を求める諸外国に対して政府の主体性をもとうとする当時の新政府の苦心のあとも窺える。

② 維新当初の切支丹対策は、いかなるものであったか。

明治維新政府のキリスト教対策は、旧幕府時代の禁教令を受け継ぎ布教を厳禁した。そのため、明治二年の長崎県浦上におけるカトリック教徒の弾圧事件などにみられるように、切支丹宗門の迫害が続けて行われた。これに対し、欧米諸国の抗議や、欧米視察中の岩倉ら使節団からの要請もあって、明治六年、切支丹禁制の高札は撤廃されることになった。

しかし、この禁制撤廃は開明的見地から行われたものではなく、外国の圧迫に抗しきれなかったからであった。したがって、政府はキリスト教信仰に一層深い警戒心をいだき、多くの人びとの心の底にもキリスト教を異端視する気持ちがなおも潜んでいたので、初期のキリスト教信者は多くの苦難と戦わなければならなかった。

14

P. 304

① 政体書と五箇条の誓文は、どのような関連があるか。

政体書は、五箇条の誓文の趣旨に基づいて新政府の政治原則や官制を規定したものである。

これは、参与副島種臣・同福岡孝弟の起草になるもので、『令義解』など日本の古法も参照されたが、主として『聯邦志略』（アメリカ人ブリジメン著）や福沢諭吉の『西洋事情』などからアメリカ合衆国憲法を参考にしてつくられた。冒頭に五箇条の誓文を掲げ、つぎに政体の綱領ともいうべき一〇か条をあげ、その中で新政はすべて誓文の趣旨に則って行うことを明らかにし、ついで官職・官等を詳細に規定している。

② 政体書による官制の特色を述べよ。

政体書による官制では、復古のたてまえから太政官が再興され、すべての権力をここに集めた。ただし、政体書のいう太政官は、統治機構である七官の総称であった。その官制の特色の第一は、アメリカ合衆国憲法の三権分立制を採用したことである。すなわち、これによって、立法は議政官が、行政は行政官および神祇・会計・軍務・外国の五官が、司法は刑法官がつかさどり、立法・行政・司法の三官はたがいに兼任できないたてまえをとったこと、第二は、公議世論を制度の上にもあらわすため議事（議会）制度を採用したこと、第三に、諸官の四年交代と入札による官吏公選制を採用したこと、などであった。

しかし、この開明的特色は、外見的であるとともに、一時的なものにすぎなかった。すなわち、実際の運用にあたっては、行政官が立法機関としての議政官を兼ねる場合もあり、立法権は行政権に従属しており、司法・行政の区別も明確でなく、司法権の独立は軽視され、三権分立は形式的で、行政権に重きがおかれたのである。また、官吏公選は、三等官（中央では判事以上、地方では一等県の知事以上の官）以上の高級官吏間の互選であり、翌年五月に一度行われただけであった。

このように、政体書による官制の基本的性格は、天皇の下に官僚独裁の体系を整備し、中央政府の権力強化をはかるものであった。

なお、地方官制は、府藩県三治制を採用した。これは、旧幕領の主要地に九府を、その他の地に二二県をおき、知事・判事を派遣し、藩は従来どおり諸大名の統治とするものであった。

15 中央集権的統一国家の形成の上で、版籍奉還の果たした役割が十分でなかったのはなぜか。

P. 306

版籍奉還は、維新政府による中央集権化の過程であり、名実ともに中央集権的統一国家の形成を実現できたのは、二年後の廃藩置県以後であった。

すなわち、版籍奉還の結果、藩は中央政府の政令を執行する地方行政区となったものの、各藩主がそのまま行政府長官としての知藩事となり、しかもその職は世襲で封地実収石高の十分の一を家禄として支給されることになった。また、各藩の財政は知藩事の家禄を除く十分の九で運営され、旧藩制どおり独立採算制であり、藩行政の実務に就く官吏は藩士が当てられた。したがって、封建的割拠体制は形式的には消滅したが、幕藩体制下の藩の実体がなくなったわけではなかった。

16 士族の反乱の主な原因をあげよ。

P. 307

維新後あいついで行われた近代化政策によって、身分上の特権を否定された旧武士階級（士族）は、不平不満をいだいて反政府的行動をとるようになった。士族が不満とした政策の主なものは、封建的身分制の撤廃（四民平等）、国民皆兵をめざした徴兵制、武士のシンボルであった帯刀の禁止、士族の最大の経済的特権の打ち切りを意味する秩禄処分などであった。

この間、参議の西郷隆盛・板垣退助らによって唱えられた征韓論は、士族の不平を外にそらすためのものであったが、その敗退は不平士族を憤激させ、一八七四（明治七）年、前参議江藤新平を首領とする佐賀の乱のごとく、武力で政府に反抗する事件が勃発した。さらに一八七六（明治九）年、廃刀令をきっかけとして士族の不平はますます高まり、一〇月には熊本の神風連の乱・福岡の秋月の乱・山口の萩の乱などが相次いで起こった。一八七七（明治一〇）年、さらに政府を驚かせたのは、西郷を擁して薩摩の不平士族が起こした西南戦争であった。しかし、この大反乱も徴兵制によって編成され近代的装備を持つ政府軍のために鎮圧され、政府の軍事力の強さがはっきり示されたので、士族の集団的武力による反抗は終わりを告げ、言論による抵抗に変わっていくのである。

17 P.309

① 徴兵令反対の農民一揆は、どうして頻発したのか。

一八七三（明治六）年、徴兵令の発布をみると、各地で「血税一揆」といわれる徴兵反対の農民一揆が頻発した。著名な一揆としては、同年五月、岡山県美作一帯の数万人によるものがあり、六月の鳥取県会見郡や七月の香川県下のものも大がかりな一揆であった。これらの一揆の原因は、一八七二（明治五）年一一月に公布された『徴兵告諭』の中にある「血税」を人民の生血を絞り取るものと一般民衆が誤解したためであるといわれているが、農業労働力を奪い去られることへの反対であり、士族の煽動や地租改正・学制による教育費負担に対する不満などもからんでいた。

なお、こうした積極的反対運動に対して、消極的な反抗として逃亡失踪や免役条項を利用しての「徴兵のがれ」もかなり行われた。

② 徴兵令の歴史的意義を述べよ。

徴兵制による近代的軍隊の編成は、富国強兵の中核をなすものであり、一八七二（明治五）年一一月の全国徴兵の詔・徴兵告諭および翌年一月の徴兵令によって実施された。

明治政府の新しい軍制を徴兵制の上に置こうとしたのは、兵部大輔大村益次郎の発案にかかるものであるが、これは新しい兵制を武士階級にではなく全国的な徴兵に依拠しようとするものであった。その後、大村の遺志をうけついで兵制改革を推進したのは、同じく長州藩出身の山県有朋（兵部大輔のち陸軍大輔）であった。山県は、ヨーロッパの兵制を調査し、国民皆兵の原則に基づく兵制改革をはかり、その結果、徴兵令の発布をみるのである。

かくして、古代の徴兵制のあとをうけ、数百年にわたって続いた封建的武士団は解体し、中央政府の強力な指揮下で天皇に忠誠を捧げる国民皆兵による常備軍が誕生し、士族反乱や農民一揆を鎮圧する力として明治政府を支えるのである。しかし、この徴兵令は〝国民皆兵〟をスローガンとしたが、現実には各種の免役規定があり、この条項を利用する免役者があとを断たず、その数は、明治九年において、徴兵適齢人口の八〇％を超す有様であった。

なお、免役規定が大幅に削除され、国民皆兵が実現したのは、大陸進出を前に鎮台が師団に改編され強化された一八八八（明治二一）年の後であった。

18 P.310

① 地租改正の準備として、どのようなことが行われたか。

版籍奉還・廃藩置県によって中央集権を確立した明治政府の主要財源である地租は、旧来の徴収方法をそのまま受け継いでいたから、政府収入はきわめて不安定であった。そこで政府は、財源の確保と国家財政の安定のため、土地制度および税制の根本的な改革を急務とした。そのため政府は、一八七一（明治四）年に田租の代金納や田畑の勝手作を認め、翌年に田畑永代売買の禁止の封建的制限を解き、地券を交付して土地の所有権を法的に認めるとともに、年貢負担の責任者を明らかにした。

こうした準備を整えたうえで、一八七三（明治六）年七月、地租改正に関する太政官布告と、その具体的な手続きを定めた条例・規則・地方官心得章などを公布して地租改正に着手し、七年がかりで改正事業を達成するのである。

② 地租改正の要点と特色を述べよ。

一八七三（明治六）年七月、七章からなる地租改正条例が公布された。その要点は、㈠収穫高に応じて課税した旧来の方法を改め、以後は地価を定めてこれに基づいて課税すること、㈡物納をやめて金納とすること、㈢税率を全国一律に地価の百分の三とし、豊凶によって増減を行わないこと、㈣納税者は、地券を交付された土地所有者とすること、などであった。

政府は、地租改正の実施にあたって、従来の政府収入を減少させないことを方針としたから、農民の負担はこれまでと実質的に変わらなかった。そのうえ、山林・原野などの入会地の中には官有地に編入されるところも生じ、農民の利用できる山林・原野は狭くなり、その生活はおびやかされ、各地で地租改正反対の一揆が起こった。また、地租改正は、地主小作関係については全く手をふれておらず、地主は小作人に今までどおりの高率な小作料を物納させたため、地主と小作人との間には封建的関係が依然として残されることになった。

③ 一八七七年、地租が地価の二・五%に引き下げられた理由を述べよ。

地租改正に失望した農民は、各地で地租改正反対の一揆をしきりに起こした。中でも明治九年、茨城・三重ほか三県に起こった大暴動は、不平士族の反抗をうけて深刻な危機に直面していた政府に衝撃を与えた。そのため政府は、鎮台兵・警察官・徴募士族を動員して一揆を鎮圧するとともに、翌年一月、減租の詔を布告し、地租を地価の二・五%に引き下げ、反対農民への宥和政策をとったのである。「竹槍でどんと突き出す二分五厘」という川柳は、この事情をうたったものである。これは、西南戦争勃発の直前のことであった。

19

P. 312

① 明治政府が殖産興業政策に力をいれた理由を述べよ。

富国強兵をめざす明治政府は、殖産興業政策を推進して近代産業の急速な育成をはからなければならなかったが、その理由は次の点にある。当時、先進諸国では、産業革命を達成して資本主義が順調な発展をとげていたのに対し、わが国の民間工業は未発達であり、資本の蓄積も不十分であった。そのため、政府は経済の自主的発展を待つことができず、自ら多額の資金を投じて官営事業を経営し、高度な生産技術や経営方式の導入につとめ、殖産興業の促進に力を入れ、政府が自ら資本主義確立の担い手となったのである。

なお、資本主義下におけるこのような国家権力への依存は、後進資本主義国でみられる共通の特徴である。

② 殖産興業を推進した中央官庁を二つあげよ。

明治新政府にとって殖産興業政策は、欧米風の近代産業並びに資本主義経済の移植育成策にほかならなかった。政府は、まず民部省・大蔵省をしてこれに当たらしめた。さらにその推進をはかるため、明治三年〝百工勧奨〟を目的として工部省を創設し、軍事工業部門に重点をおいた広範な官営事業の経営と技術の改良・導入にあたった。ついで一八七三（明治六）年、内務省が創設され、勧業寮を中心に管下に多く事業部門を統合・管理したが、内務卿に就任した大久保利通によって製糸・紡績・牧畜・貿易を中心とする殖産興業に力がそそがれた。このように、上からの殖産興業政策推進の中枢として工部・内務の両省が、主要な官営工業運営の中心機関として、めざましい役割りを果たすのである。

③ 殖産興業のための財源は、どのようにして確保されたか。

明治初年の国家財政は、地租（年貢）の徴収や公債の発行によってまかない、不足分は太政官札・民部省札などの不換紙幣の発行や、三井・鴻池などの豪商からの借入金によって補っていた。

一八六八（明治元）年から一八七五（明治八）年六月までの七か年半の国家財政をみると、通常歳入会計約二億八千万円のうち、年貢・地租が二億三千万円で約八二%を占めた。そのほか例外歳入として、不換紙幣発行・臨時借入金・外債などによるものが約一億二千万円あった。

このように、国家財政の根幹をなすものは地租であった。しかし、官営事業を中核とする「殖産興業政策」の推進には、地租のみならず多額の公債や政府発行紙幣に依存するところが大であったことに留意しなければならない。

20

P. 313

官営事業払下げの意義を述べよ。

一八八〇（明治一三）年、政府は財政整理の一環として官営工場払下げ概則を定め、軍需工場を除いて、財政の重い負担となっていた官営事業を払い下げる方針を打ち出した。しかしながら、払下げが現実に進行するのは、厳しい払下げ条件のついたこの「払下げ概則」が廃止され、「適宜ノ処分」という払下げ方針をかかげた大蔵卿松方正義による緊縮財政下の一八八四（明治一七）年からであった。この期の払下げは、欠損の大きい工場ばかりでなく優良鉱山まで対象とし、限られた特権的政商にきわめて安い価格で、しかも年賦形式によって払い下げられた。このことは商業資本の産業資本への転化を促し、これらの政商がやがて財閥として発展する基礎となるのである。

21 学制をささえた教育観はどのようなものか。

P. 316

一八七一（明治四）年、政府は国民教育の向上をはかるため文部省を設け、翌年八月、フランスの近代的学校制度にならった「学制」を頒布した。この学制の基本方針は、「学制」とともに公布された「学事奨励ニ関スル被仰出書」にうかがえる。この中で、学問は国民各自が身を立て、智をひらき、産をつくるものという近代市民的な教育観を唱え、四民平等の原則の上に男女等しく学ばせる国民皆学を目的とする小学校教育の義務化の方針を明らかにした。この開明的要素は、福沢諭吉の『学問のすゝめ』の影響をうけて、功利主義的教育観を基調とするものであった。

このように明治政府が「学制」に期待したものは、近代国家としての立ち遅れを取りもどし、国家の富強化を図ることであった。政府は、国民教育の振興充実が急務であると考え、特に小学校教育の普及に力をいれたのである。

22

P. 318

① 日朝修好条規締結の契機となった事件は何か。

この条約締結の契機となった事件は、一八七五（明治八）年九月、日本軍艦雲揚が朝鮮の江華島付近で砲撃されたいわゆる江華島事件である。これは日本側の挑発的な行動が起因した事件であったが、日本政府はイギリス・アメリカの暗黙の了解を得て、黒田清隆を派遣し、武力を背景に強硬な態度で朝鮮の閔妃政権と談判を行い、翌年二月、日本側が条約案を一方的に押しつけるというかたちで、日朝修好条規（江華条約）が締結されたのである。

② 日朝修好条規の性格を述べよ。

日朝修好条規は、朝鮮にとって、日本が幕末において欧米列強によって強制された不平等条約と同じ性格のものであった。

この条約は、朝鮮を日本と対等の「自主ノ邦」と定めたが、これは朝鮮と平等の国交を開くことを約束したものではなく、清国の朝鮮に対する宗主権を否認して日本が朝鮮を支配することをねらったものである。また、釜山ほか二港の開港、自由貿易の原則、開港地における治外法権を認めさせた。

さらに同年八月、日朝修好条規付録及び貿易規則が調印され、日本は朝鮮に日本の輸出入品の関税を、当分、無税とすることを認めさせた。こうして日本は、外国に初めて不平等条約を強制し、朝鮮進出の道を歩んだのである。

23 樺太・千島交換条約締結以前の日露国境はどうなっていたか。

P. 319

安政元年一二月（太陽暦では一八五五年二月）に締結された日露和親条約（日露通好条約）には、日露間で懸案となっていた国境に関する協定があった。その内容は、千島列島のうち択捉《えとろふ》島以南を日本領、得撫《うるっぷ》島以北をロシア領とし、樺太は両国人の雑居地として従来通り境界を定めないことにするというものであった。

なお、樺太の国境については継続交渉がなされることになっていたので、一八六七（慶応三）年には日露間樺太島仮規則を締結し、両国雑居の地であることを確認したが、ロシアは国境の未画定なことに乗じ、兵力をもって積極的に南部にまで進出したため、日露の対立が深まった。したがって、日露国境画定問題は、明治新政府が早急に解決しなければならない問題であった。

24 ① 民撰議院設立の建白書提出に際し、政府はどのような対策を講じたか。 P.321

政府は、民撰議院設立の建白を、一応、時期尚早として却下した。しかし、この建白書の影響は大きく、民撰議院設立の要求は次第に国民各層へと広がる動きをみせ、藩閥専制を非難する声が高まってきた。

このような自由民権運動に対し、当時、政府の中心にあった大久保利通は、一八七五（明治八）年一月、在野の板垣・木戸らと大阪で会議を開き、事態の収拾について協議を行った。その結果、板垣と木戸は参議として政府に復帰し、四月には立憲政体を漸次に樹立するという詔（「漸次立憲政体樹立の詔」）が出され、元老院・大審院・地方官会議の設立が決まった。一方、民権運動も活発となり、新聞や雑誌で政府の攻撃を始めた。そこでこの年六月、新聞紙条例と讒謗律を公布し、さらに九月には版条例を改正して、民権派の言論・著作に厳しい制限を加えたのである。

② 自由民権運動の目的を述べよ。

自由民権運動は、藩閥政府に対し、国会開設・立憲政治の確立など民主主義的政策を要求する明治前期の政治運動である。

自由民権運動は、一八七四（明治七）年一月、先に征韓論争に敗れて下野した前参議板垣退助・後藤象二郎らが愛国公党を結成し、藩閥官僚の専制政治の非難と国会開設による納税者の立法・行政への参加要求を内容とする「民撰議院設立の建白書」を左院に提出し、さらにこれを新聞に公表して世論に訴えたことに始まる。この建白書を契機に自由民権論が急速に高まり、土佐の立志社など各地に政治結社が設立された。この運動は、初め士族を中心に行われたが、一八七七（明治一〇）年の西南戦争を境に豪農層の動きが活発化し、国会開設・地租軽減などを基本的要求とする広範な国民運動へと転換していった。この激しい運動に押された政府が、明治一四年の政変に際し国会開設の勅諭を発布すると、民権派は政党の結成へと進んだ。一方、松方財政によるデフレ政策は、中下層農民の没落を促した。そのため、自由民権運動も上層農民の脱落と中下層農民の急進化をもたらし、激化事件の頻発をまねいた。こうした中で、政党の解散・分裂と政府の弾圧政策があいまって、自由民権運動は挫折を余儀なくされた。その後、一八八七（明治二〇）年、条約改正をめぐって大同団結運動として復活するが、保安条例による弾圧と幹部の脱落によって、闘争力が弱まり、著しく政府に対して妥協的なものとなった。

25 漸次立憲政体樹立の詔によって設置された諸機関をあげよ。 P.321

政府は、この詔によって官制を改革し、左右両院を廃して元老院（立法）・大審院（司法）を設け、太政官と合わせて三権分立の形式を再び整えるとともに、地方の民情を政治に反映させるための地方官会議が設置された。しかし、元老院は立法権を十分にもたない諮問機関にとどまり、地方官会議も世論を反映しなかった。

26 明治十四年の政変を説明せよ。 P.326

いわゆる〝明治十四年の政変〟は、一八八一（明治一四）年一〇月、政府部内の対立から肥前藩出身の参議大隈重信が罷免され、その一派の官僚（尾崎行雄・犬養毅・矢野文雄ら）が免官となった事件のことである。

木戸孝允・大久保利通の死後、伊藤博文・井上馨・大隈重信の三者が政府部内の実力者として立憲体制樹立に積極的姿勢を示し、政策の遂行に当たっていた。こうした情勢下の一八八一（明治一四）年、自由民権派による国会開設運動の高まる中で、大隈は国会早期開設とイギリス流の議院内閣（政党内閣）制の採用を建議して、漸進的国会開設・立憲君主制の建設を主張する伊藤・井上らと対立した。折しも、開拓使官有物払下げ問題が起こった。この事件は、開拓使所有の官有物を払い下げるにあたり、薩摩藩出身の開拓使長官黒田清隆が、不当に安い価格で同藩出身の政商五代友厚・前山口県令中野梧一らの関西貿易商会に払い下げようとするものであった。ところが、北海道に利権をもつ岩崎弥太郎はこれに反対する運動を始め、岩崎と関係の深かった参議大隈重信も政府部内で払下げに反対した。この問題が新聞に報道されるに及んで、政府に対する世論の非難が激しくなり、伊藤らは岩倉具視と結んで、同年一〇月に払下げを中止する一方、国会開設の勅諭を発布し、民権派の矛先をかわすとともに、政府攻撃の世論と関係があるとみられた参議大隈を追放し、その一派の官僚をも辞職に追いやった。

こうして、伊藤を中心とする薩長藩閥政権が確立し、立憲君主体制への道が明確にうち出されるのである。

27 政府が国会開設の時期を公約した理由を述べよ。

P. 327

一八八〇（明治一三）年三月に設立された国会期成同盟を中心にして、全国的に国会開設運動が展開されると、政府は、同年四月、集会条例を定めて集会・結社の活動を厳しく規制した。一方、政府内部にも、大隈重信のように国会の早期開設と政党内閣制の実施を説く者が現れ、漸進論を唱える伊藤博文・山県有朋・井上馨らと対立した。このようなとき、一八八一（明治一四）年七月、たまたま開拓使官有物払下げ問題が起こると、民権派などは政商と政府の結びつきや政府の藩閥専制に対して激しい攻撃を加えた。この大勢を押さえきれなくなった政府は払下げを取りやめる一方、同年一〇月、勅諭によって一八九〇（明治二三）年を期して国会を開設することを公約するのである。

28 私擬憲法作成の意義を述べよ。

P. 329

大日本帝国憲法以前民間で起草された憲法私案を総称して私擬憲法という。政府部内で憲法問題が具体的な課題となるに及んで、民間にあってもその主張や政策を表すために、それぞれ理想とする憲法草案を作っていた。特に一八八〇（明治一三）年の第二回国会期成同盟大会において憲法草案起草を各地方政社の宿案とし、翌年の大会に各々持参することを決議したことが大きな刺激となって、次々に起草されることになった。現在までに断片的なものも含めて五〇篇近くが発見されているが、その大部分は一八七九～八三（明治一二～一六）年のもので、先に述べた経過から特に一八八一（明治一四）年のものが多い。

これらのいわゆる「私擬憲法」は、次の三つの系統に大別できる。第一の系統は立志社系で、政党からいえば自由党系に属し、最も民権的である。中でも植木枝盛の起草という「日本国国憲案」（「東洋大日本国国憲按」ともいう。）は、主権在民、一院制、抵抗権、革命権などの急進的思想を含み、きわめて民主的色彩の強いものであった。第二の系統は交詢社系で、政党からいえば立憲改進党系であり、イギリス流の立憲政体を採用することに特徴がある。この代表的なものに交詢社の「私擬憲法案」がある。これは、立憲君主制の立場に立ち、政党内閣制、二院制、制限選挙制をとり、民権については条件付きという漸進的なものであった。第三の系統は政府系のもので、天皇主権、君権中心のものであった。この系統のものは少数であったが、その一つに福地源一郎を中心とする立憲帝政党系の「国憲意見」がある。また、一九六八年、色川大吉氏らのグループにより五日市町の旧家の土蔵より発見された「五日市憲法草案」にみるように、豪農を中心にした地域住民の学習活動の中から生みだされた「私擬憲法」も存在し、自由民権運動の「草の根」への広がりを考える上でも重要な論点となっている。

このように、私擬憲法は、一部に君権主義を主張するものもあったが、多くは自由民権運動の高揚を反映して、政府の欽定憲法制定への動きに対抗し、民主的国家体制をひろく国民に訴えるものであった。

29 自由党・立憲改進党の性格および主張を述べよ。

P. 331

一八八一（明治一四）年の国会開設の勅諭によって、一〇年後の国会開設が公約されると、民権運動はただちに政党の結成へとすすんだ。この年一〇月、板垣退助は、中島信行・後藤象二郎・馬場辰猪・植木枝盛らと、国会期成同盟を母体に自由党を組織した。この自由党は、フランス流の急進主義の立場にたって主権在民・一院制議会・普通選挙を主張し、現状不満の士族や地主・農民および地方の実業家から支持された。

自由党につづいて、翌年三月、大隈重信は、明治十四年の政変でかれに同調して退官した犬養毅・尾崎行雄・矢野文雄・小野梓らと立憲改進党を組織した。立憲改進党は、イギリス流の漸進的な立憲君主制をかかげ、主権は君主と国民全体にあるとし、二院制議会・制限選挙を主張し、都市の実業家やジャーナリストなどの知識人の支持を受けた。

30 松方デフレ政策が当時の農村社会に及ぼした影響について、自由民権運動とも関連させて述べよ。

P. 332

明治十四年の政変の結果大蔵卿に松方正義が就任し、いわゆる松方財政を展開した。明治維新の後、貿易は次第に大幅な輸入超過となり、関税自主権がないこととあいまって輸入をおさえることはできず、かわりに正貨の流出が相次いだ。また、西南戦争の軍事費として政府は戦争当時大蔵卿であった大隈重信のもと、大量の不換紙幣を発行し、通貨の膨脹とその価値の下落のため物価上昇と地租が一定額に固定されていることによる地租収入の実質的減少とを招いていた。当時の財政、金融政策の課題は、兌換制度を確立して通貨の安定を図りながら欧米列強に対抗できる経済力、軍事力を構築することであった。松方正義は紙幣整理を推進するとともに、軍備拡張のための大増税政策をとり、また赤字となった官営工場の払下げを行い歳出を減らした。さらに一八八二（明治一五）年、中央銀行としての日本銀行を設立し、これを唯一の発券銀行としたのち、一八八五（明治一八）年には事実上の銀本位制による正貨兌換制度を実現した。これらの政策により通貨価値は高まり、財政は安定の方向へ向かい始めたが、それはまた深刻な不況＝「松方デフレ」をおこすものとなった。

農村ではこの過程で米価の下落が著しく、またその一方で地租は一定で変わらなかったから、苛酷な負担となって農民を襲うこととなった。農民の中には借金に苦しんで没落し小作農になったり、離村したりするものが増えた。一方富裕なものの中には値下がりした田畑を買い集めたり、高利貸をして借金のかたに田畑を手に入れたりするなどして地主となり、小作料収入で生活をする寄生地主となっていくものがあり、農村社会は大きく変化しようとしていた。

士族の民権として始まった自由民権運動はその後、一八八〇（明治一三）年の国会期成同盟の設立を経て全国的な運動の高まりを見せていたが、この松方デフレ政策以降大きな曲がり角を迎えることになる。農村社会が疲弊していく中で一部地方民権運動家たちは、農民の窮状を見るにつけ急進的な激化事件へと突入し、一八八二（明治一五）年には福島事件、一八八四（明治一七）年には加波山事件、秩父事件等と関東各地で農民たちの武装蜂起が相次いだ。この中で、自由党、改進党の幹部らは互いに対立し方向を見失う中で解党、また党はあっても有名無実化していった。ここに自由民権運動のひとつの社会の現実に直面する中での限界があった。激化諸事件が鎮圧されたのち民権運動は予定された国会開設に備えて準備する方向に転換していった。

31 君主権の強い欽定憲法制定を方向づけたのはだれか。

P. 335

岩倉具視である。憲法制定と公選による国会開設の構想は、明治政府部内において一八七二（明治五）年頃から検討されていたが、一八七五（明治八）年元老院が設立されると、翌年から起草に着手した。元老院の草案は一八七八（明治一一）年に一応脱稿し、修正の後一八八〇年に「日本国憲按」として完成したが、岩倉具視、伊藤博文からあまりにもイギリス的で我が国の国体に適しないと反対され、廃棄された。一八八一（明治一四）年の、いわゆる「明治一四年の政変」を機に憲法構想は大きな展開をとげる。八一年三月参議大隈重信は左大臣有栖川宮熾仁親王に憲法意見書を提出。この中で大隈はイギリス流の政党内閣制の議会政治を力説し、欽定憲法の方針の下、憲法発布を八一（明治一四）年から八二（明治一五）年の初め、国会開設を八三（明治一六）年初めとしながら、国民の過半数の支持する主義の政党が政権を担当する原則で平穏な政権交代を主張していた。自由民権運動、国会開設請願の動きの高まりがその背景にあった。これに対し伊藤ら諸参議は激しく反発、伊藤は岩倉に辞意を表明して大隈の案の廃棄をせまった。この大隈意見書に対抗して示されるのが、八一年七月の岩倉具視憲法意見書である。太政官書記官井上毅の起草とされる。欽定憲法の方針のもとプロシア憲法をモデルとして、陸海軍の統帥、宣戦講和、条約締結、文武官の任免等を天皇大権とし、大隈の主張する議院内閣制はとらず、元老院と民選議院からなる二院制議会の設置、政府の議案提出権、前年度予算執行権等を主張した。岩倉の意見書は明治一四年の政変以後の政府の基本方針と、翌年の伊藤博文のヨーロッパに向けての憲法調査に大きな影響を及ぼし、大日本帝国憲法のひとつの青写真となった。

32 学校令では、どのような教育方針がとられたか。

P. 338

学制が発布されてから教育はめざましく普及し、制度もしだいに整備される中で、一八七九（明治一二）年、アメリカの教育方針を取り入れて、地方分権的自由主義的な教育令が定められた。しかし、これに対する非難が起こり、早くも翌年改正教育令が出され、中央集権的教育が強調された。さらに一八八六（明治一九）年、初代文部大臣森有礼によって学校令が制定された。

学校令は、帝国大学令・師範学校令・中学校令・小学校令からなり、帝国大学を頂点とする学校制度を確立し、教育に対する政府の指導・統制を強める画期的なものであった。これによって、帝国大学の使命は国家に必要な学問の修得と研究にあるとされ、小・中学校は国家への義務を負う人材養成をめざし、小学校四年の義務制が確立した。要は、学校教育の目的を国家目的と一致させようとする、国家主義的傾向の強いものであった。

33 大日本帝国憲法の特質を述べよ。

P. 340

民権各派の反対に備えて、当時は離れ小島であった神奈川県の夏島の伊藤別荘で極秘のうちに起草された憲法草案は、一八八八（明治二一）年四月、天皇の諮問機関として新設された枢密院で天皇臨席のもとに審議されたのち、翌年二月一一日、紀元節の日を選んで大日本帝国憲法として発布された。このいわゆる明治憲法の特質の第一点は、欽定憲法であり、天皇主権を基本原則とし、民権を保障するよりもむしろ天皇の大権を強化して臣民の権利や国会の権限をできるだけ制限することに眼目がおかれているところにある。全文七章七六条からなるこの憲法の主な内容は、次のようなものである。㈠天皇は統治権の総攬者として、法律の裁可、公布、議会の召集、解散、文武官の任免、陸海軍の統帥、宣戦、講和、条約の締結、緊急勅令の公布などさまざまな大権を保持した。㈡各国務大臣は天皇によって任命され、天皇に対してのみ責任を負い、議会に対する責任は明確でなかった。㈢帝国議会はほぼ対等の権限をもつ衆議院と貴族院からなり、立法協賛権、予算審議権などを行使したが、天皇大権によってその権限は著しく制約されていた。㈣国民は天皇の臣民とされ、基本的人権は「臣民権利」として明文化されていたが、あくまでも法律の範囲内という枠をはめられ、形式的なものに過ぎなかったのである。明治憲法の特徴の第一点は以上のように、「神聖ニシテ侵スベカラ」ざる天皇の神としての側面を示すものであった。

他方憲法の起草者である伊藤博文自身は天皇が決して専制的な暴君になることを望んでいたわけではなく、むしろそうなることを抑制することをこの憲法の中に盛り込んでいた。ここに明治憲法の特徴の第二点がある。すなわち憲法の第四条において「天皇ハ国ノ元首ニシテ統治権ヲ総攬シ」と述べた後に、「此ノ憲法ノ条規ニ依リ之ヲ行フ」ことを明記していた。また憲法の改正には両院の各々の総員の三分の二の出席のもと、さらにその三分の二の賛成を必要とし、天皇もまたこの憲法に従うことが明文化されていたのである。ここに後に天皇機関説が生みだされる素地があり、いわゆる大正デモクラシーの時代に開花した吉野作造の民本主義もまたこれを土台としていた。しかしそれも一九二〇年代、三〇年代の相次ぐ恐慌と侵略戦争の中で打ち消され、神としての天皇の側面のみがひとり歩きするようになるのである。

34 教育勅語に示された教育の理念を述べよ。

P. 344

学校令の公布以来、国家主義的教育統制をめざしていた政府は、一八九〇

（明治二三）年一〇月、教育勅語を発布し、国家主義教育の理念を天皇の権威によって明示した。この教育に関する勅語は、儒学者元田永孚と法制局長官井上毅らの起草になり、忠孝を中心とする儒教道徳を基礎に忠君愛国の観念を養成することを教育の最高の理念とした。

なお、教育勅語は、全国の学校へ配布され、学校教育の基本方針としてあらゆる機会をとらえて礼拝・奉読を強制したのにとどまらず、帝国憲法を精神面から補強するものとして国民の間にもその趣旨を浸透させ、天皇制の道徳的支柱とされたのである。

35

① 超然主義とは何か。

P. 347

超然主義とは、政府が政策を遂行するに当たって、政党や議会のいかなる意向にも左右されてはならないとする主張のことである。

憲法発布の翌日、首相黒田清隆は鹿鳴館で開かれた地方長官会議の席上で、「政府ハ常ニ一定ノ方向ヲ取リ、超然トシテ政党ノ外ニ立チ、至公至正ノ道ニ居ラサル可カラス」と、早くも超然主義の方針を訓示した。また、憲法起草に当たった枢密院議長伊藤博文も、同じ月の一五日、憲法発布式典に参列した府県会議長を官邸に招き、同じ趣旨の演説を行っている。さらに、第一議会当時の首相山県有朋も同様に超然主義をとることを表明した。

これら超然主義の主張は、立憲制の開始に当たって、政府が政党を無視し、国会から独立した政治を進めようとする基本方針を明示したものであり、依然として天皇を頂点とする官僚支配を維持しようとするものでもあった。

② 初期議会における民党の主張は何か。

一八九〇（明治二三）年の第一議会から日清戦争開戦までの帝国議会（第六議会）を、初期議会という。当時、藩閥政府と自由党・立憲改進党を中心とした政党勢力が激しく争ったが、いわゆる野党に当たる後者のことを一般的に民党と呼び、与党のことを吏党と呼んだ。

第一議会において、当時内閣を組織していた山県有朋は、議会や政党を無視する超然主義でのぞんだ。これに対し、議席の過半数を占めた民党は、「民力休養」・「政費節減」を理由に政府提出の予算案を批判し、軍備拡張費の削減をはかったが、政府は自由党の一部（土佐派）を買収し、予算案の一部削減できりぬけた。一八九一（明治二四）年の第二議会では、民党側が軍艦建造費などの予算削減をはかったのに対し、海軍大臣樺山資紀はいわゆる蛮勇演説を行い、民党を憤激させた。そのため、民党主張の予算大削減案が可決され、松方正義内閣は衆議院の解散を断行した。翌年二月、第二回衆議院総選挙が行われると、政府は民党を圧迫するため、内相品川弥二郎を中心に激しい選挙干渉を行ったが、結果は民党の勝利に終わった。つづいて開かれた第三議会で、松方内閣は再び予算案を否決され、退陣を余儀なくされた。この後、同年一一月、第二次伊藤博文内閣のもとで開かれた第四議会でも、衆議院は軍艦建築費を削減し、さらに内閣弾劾の上奏案を可決した。窮地にたった伊藤内閣は天皇に詔勅を奏請し、政府と議会の和協を命ずる詔勅のたすけをかり、ようやく予算案をほぼ原案どおり成立させることができた。

このように、第一議会以来、自由党・改進党を中心とする民党は、民力休養・政費節減を掲げ、帝国憲法に規定された議会の予算審議権を武器として政府と対決した。しかし、第四議会を境にして自由党が政府接近の傾向を示しはじめ、それを機に衆議院内の諸政派の動向が大きく変化することになった。すなわち、第五・六議会では、今まで民党陣営の主力であった自由党と立憲改進党の反目が決定的となる一方、政府与党の地位を占めてきた国民協会が逆に政府から離れ、立憲改進党・大日本協会らとともに国権拡張の立場から対外硬の論陣を張り、新しく反政府連合を形成した。これも日清戦争が近づくと、政府と妥協的になっていった。

36

井上案は、自由民権運動にどのような影響を与えたか。

P. 350

外務卿（一八八五年から外務大臣）となった井上馨は、治外法権の撤廃と税権の一部回復を主眼として、一八八二（明治一五）年から東京で列国の代表と条約改正予備会議を開いて改正原案の作成をすすめ、その結果に基づいて一八八六（明治一九）年五月、条約改正会議を開き正式交渉を開始した。井上は、この交渉を促進するため、法典の編纂を急ぐ一方、鹿鳴館を建て舞踏会を催すなど極端な欧化政策をとって、列国の歓心を得ようとつとめた。

井上の条約改正案の主な点は次のとおりである。第一に、関税については自主権が獲得できず、輸入税が従来より若干引き上げられたにすぎなかったこと。第二に、治外法権撤廃のかわりに司法組織と諸法典を整備し、事前にその内容を外国に通知するとともに、批准後二年以内に外国人に内地雑居を認め、外国人裁判官を日本の裁判所に任用すること、など、独立国の体面にかかわる条項を含んでいた。

政府は、改正案の内容を秘密にしていたが、一八八七（明治二〇）年、政府の法律顧問ボアソナードや農商務大臣谷干城らの反対があり、やがてその内容が民間にもれると、前年のノルマントン号事件の影響もあり、自由民権論者や国粋主義者がそれぞれの立場から反政府運動に立ち上がった。

なかでも民権派による「言論の自由・地租軽減・外交失策の挽回」を内容とする建白書の元老院への提出など、一時衰退していた自由民権運動は、いわゆる三大事件建白運動として、大同団結運動の展開とあいまって再び政府攻撃の運動としての高まりをみせた。これに対して政府は、条約改正交渉中止のやむなきにいたり、井上外相を辞職させ、さらに同年一二月、「保安条例」を公布して反政府運動を抑圧した。

37 一八九四年、改正条約が最初にイギリスとの間に調印された理由を述べよ。 P. 352

一八九一（明治二四）年以来ロシアがシベリア鉄道の建設に着手し、アジアへ積極的に進出することによって極東情勢に変化が生じた。イギリスはこのロシアの南下政策を嫌い、日本に対しては好意的な態度をとり、条約改正にも応ずることとなったのである。

38 下関条約が日本の資本主義の発達に果たした役割を述べよ。 P. 356

日清戦争の勝利の後、日本が清国と結んだこの講和条約（下関条約）は、日本の資本主義の発達に次のような大きな影響を与えた。

㈠賠償をもとにして、一八九七（明治三〇）年、金本位制が確立されたことは、その後の貿易に好影響を与え、日本資本主義発展の基礎となった。㈡朝鮮・中国市場が開拓された結果として、紡績業中心に軽工業が飛躍的に発展し、第一次産業革命が達成された。㈢植民地として台湾・澎湖諸島を獲得し、台湾総督府の統治下で資本主義的経営が進められた。㈣巨額の賠償金が「戦後経営」の中心であった軍備拡張につぎこまれ、その一環として官営の八幡製鉄所が創設されるなど、重工業部門の進展がはかられたため、第二次産業革命が展開されることになった。

このように、この条約によって日本が獲得した莫大な利権によって、日本の経済界は著しく躍進し、資本主義体制が確立されるのである。

39 三国干渉の理由を述べよ。 P. 358

下関条約調印後六日目の四月二三日、露・仏・独の三国は、日本が清国から割譲させた遼東半島を清国に還付すべき旨を勧告してきた。これがいわゆる「三国干渉」である。勧告の口実は、遼東半島を日本が領有することは清国の都を危うくするだけでなく、朝鮮の独立をも有名無実にし、極東の平和に障害を与えるというものであった。この干渉の中心はロシアであったが、その真のねらいは、南下政策の一環として満州に不凍港を獲得しようとするものであった。そのため、日本の南満州進出を阻止しようとして、ロシアはフランスを露仏協商のよしみから誘った。さらに、ドイツは露仏協商の鋭鋒をさけると同時に、これを極東進出の機会とするため、この干渉に参加するのであった。

日本は、三大強国の干渉を拒絶するだけの実力を持たなかったので、同年五月、やむなくその要求に従い、その代償として三千万両《テール》を獲得したが、国民はこれを大きな屈辱と感じ、このために国民のロシアに対する敵愾心が高まり、「臥薪嘗胆」が叫ばれた。政府は、これに乗じて新たに軍備の大拡張を始めた。

40 立憲政友会成立の歴史的意義を述べよ。

P. 360

　大日本帝国憲法の発布以来いわゆる初期議会において対立を続けてきた政党（＝民党）と政府であったが、日清戦争と三国干渉を経たのち「戦後経営」を唱えて軍備拡張をはかろうとする政府はむしろ政党との提携を強めようとしていた。また政党の側においても日清戦争後の資本主義的発展を基礎にしながら地主、資本家の支持をとりつけ、政府に協力し官界に党員を送り勢力の拡大をはかろうとしていた。こうした国内政治の動きは第二次伊藤内閣と自由党、次の第二次松方内閣と進歩党という提携を生みだしたが、続く第三次伊藤内閣が地租増徴案を提出すると自由、進歩両党はこれに反対し合同して憲政党を組織した。ここに我が国最初の政党内閣である隈板内閣が誕生する。この内閣は部内に激しい対立もあって尾崎文相の共和演説事件を機にわずか四か月で崩壊するのであるが、政党勢力の伸張はもはや時代の趨勢であった。これに対して藩閥勢力をあくまで政治の主体とする勢力も存在した。山県有朋は政党員の官僚機構への進出に危機感を強め、その第二次山県内閣において文官任用令を改正して政党員が官吏になる道を制限し、一九〇〇（明治三七）年には軍部大臣現役武官制を定め政党の軍部への影響をはばみ、またあわせて治安警察法を公布する中で労働運動を規制した。

　伊藤博文は前者の立場に立ち、極東の緊迫化の中で国家目的を第一義とする政党の結成による国内体制の安定をといた。弱肉強食の万国対峙《たいじ》の中で一君万民のもと醜い政争を排し「春雨の霑《にお》う如き」政治を行い、国家への私心なき奉仕をその政党の使命と考えた。伊藤はかつての政敵旧自由党＝憲政党と手を携えることを考え、また第二次山県内閣との対立を深めた憲政党も伊藤に接近した。一九〇〇（明治三七）年、伊藤を総裁とする立憲政友会が成立し、政党は新しい時代へ一歩を踏みだすことになった。幸徳秋水は万朝報の中で、政友会の成立を「自由党の死」ととらえ、それを歎いた。

41 ① 日英同盟協約締結に際しての、政府部内における対立する意見を述べよ。

P. 363

　日本とイギリスが同盟を結ぶようになった背景は、ロシアの極東進出に対抗するために日英両国の利害が一致したことである。この頃、ロシアは義和団の乱をきっかけに大軍を満州に投入し、事変解決後も撤兵せず、満州支配の野望を露骨に示していた。このことは、満州における日本の市場および朝鮮半島における日本の勢力をおびやかすことになった。

　こうしたロシアの南下に対処する方策として、政府部内には二つの路線があった。一つは、伊藤博文・井上馨らの唱えた日露協商の構想で、ロシアと妥協してロシアの満州支配を認める代わりに、日本の朝鮮半島における優越的地位を確保しようとするいわゆる満韓交換論であった。これに対し、首相桂太郎・外相小村寿太郎・山県有朋らの主張は日英同盟論で、イギリスと提携してロシアの満州・朝鮮進出をおさえようとするものであった。両案は平行して進められたが、一九〇一（明治三四）年末の伊藤の露都ペテルスブルグ訪問による日露交渉を機に、交渉進行中であった日英同盟協約の締結が早められ、イギリスもいわゆる「光栄ある孤立」政策を放棄し、一九〇二年一月、日英同盟協約がロンドンで調印されるに至った。

② 日英同盟協約の推移をまとめよ。

　日英同盟の交渉は、一九〇一（明治三四）年一月からイギリス外相グレーと駐英公使林董《ただす》との間で開始されたが、政府部内でも日露協商論があり、曲折を経て一九〇二年一月、締結された。同盟協約の条文は六カ条からなり、期限は五年とし、適用範囲は極東に限るものであり、明らかにロシアを対象としたものであった。この同盟協約締結によって日露戦争への方向が決定的になった。一九〇五年八月の改訂によって、同盟は防守同盟から攻守同盟となり、期限は一〇年とし、適用範囲をインドまで拡大した。改訂の理由は、極東における南下策に失敗したロシアが、インド方面をつくことをイギリスがおそれたためであった。さらに一九一一年七月の改訂によって、ドイツが同盟の対象国とされ、アメリカへの適用除外例が設けられた。これは、一九〇七年の日露協商・英露協商の締結により対露同盟が存続の意味を失ったことやヨーロッパにおける英独の対立・日米関係の悪化による英の対米配慮によるものであった。

　このような推移をみた日英同盟協約は、一九二一（大正一〇）年一二月、ワシントン会議における四カ国条約により終了が同意され、この条約の発効に伴い、翌年八月、終了した。

42 日露の対立激化の中で、国内世論の大勢はどうであったか。

P. 364

　当時の日本国民の一般的世論は、三国干渉以来、帝政ロシアの目覚ましい極東進出に対していわゆる「臥薪嘗胆」の合い言葉のもとに、列強とりわけロシアへの敵愾心が高まりつつあった。このようなとき、一九〇三（明治三六）年六月、東大教授戸水寛人ら七博士が建議書を桂首相に提出し、一方では東京朝日新聞にも公表されて、開戦論をあおることになった。さらに、この年八月、近衛篤麿・頭山満らの対外硬同志会が大会を開き、会名を対露同志会と改称して対露強硬論を唱え、開戦の世論をもりあげ、新聞・雑誌の多くもこれに同調した。また、陸海軍・外務省内の中堅・少壮の軍人・外交官らも湖月会を組織し、対露開戦を決意するよう政府首脳に説いた。

　一部には反戦論もみられたが、このように国内の大勢は、対露決戦の声でおおわれていたのである。

43 反戦を唱えたのは、どのような立場の人びとか。

P. 367

　「露国討つべし」の主戦論の圧倒する中にあって、黒岩涙香の「万朝報」は非戦論の立場をとっていた。万朝報には、一九〇一（明治三四）年に黒岩が社会改良をめざして結成した理想団に属する幸徳秋水・堺利彦・内村鑑三らがおり、その論説欄をにぎわした。

　幸徳・堺は社会主義者として反戦平和論を唱え、内村は日清戦争に際し義戦論を主張した痛い経験をふまえてキリスト教徒として絶対非戦論を唱えた。しかし、一九〇三（明治三六）年一〇月、開戦が避けられない状勢の中で、万朝報の社主黒岩が主戦論に転ずると、幸徳・堺・内村らは一斉に万朝報を去ることになった。

　その後、幸徳・堺は、社会主義的立場から、この年一一月、平民社を結成して「平民新聞」を刊行、安部磯雄・木下尚江・片山潜らの応援のもとに、平民主義・社会主義・平和主義を掲げて反戦論を唱え、戦争中もその立場を堅持した。内村は、キリスト教の人道的立場から、雑誌『聖書之研究』により、非戦論を主張するのであった。しかし、これらの主張は抽象的理論で、現実の政治・外交から遊離しており、世論を強く動かすものにはなり得なかった。

　また、文学的立場からロマン派の女性文人の中にも、人情自然の発露として、戦争の惨禍をいたむ率直な気持ちを歌いあげた作品を発表する者が現れた。与謝野晶子の『君死にたまふことなかれ』や大塚楠緒子の『お百度詣で』などは、女性として厭戦を表明し、反戦運動の一翼を担った。

44

① ポーツマス条約で領土に関してどのような取り決めがなされたか。

P. 369

　ポーツマス条約の領土に関する取り決めは、第五条と第九条にみられる。その内容は、㈠ロシアは旅順・大連地区の租借地を日本に譲渡すること、㈡ロシアは北緯五〇度以南の樺太（薩哈嗹島）および付属島嶼を日本に割譲すること、などであった。

② ポーツマス条約締結を調停したアメリカとの関係が、急速に悪化した理由を述べよ。

　日露戦争を境として、国際関係に大きな変化が現れた。列強間ではイギリスとドイツの対立が主要なものとなっていったが、東アジアにおいても日本の満州進出に伴い、新たな国際対立が生まれた。日本とアメリカの関係は次第に冷却し、イギリスとの関係も密接ではなくなった。

何となれば、日露戦争でイギリス・アメリカが日本を援助したのは、ロシアの満州進出に対抗するため日本を利用したのであり、日本がロシアに代わって満州を独占的に支配することを容認したからではなかった。ところが戦後の日本は、満鉄の経営にアメリカ資本の参加を拒絶したのをはじめ、一九〇六（明治三九）年六月には半官半民の南満州鉄道会社（満鉄）を設立し、同年八月には関東都督府を設置して満州支配の拠点とした。

こうした情勢の中で、日米関係は悪化の一路をたどり、黄禍論（イエロー＝ペリル）の影響もあって、一九〇六（明治三九）年には、サンフランシスコで日本人学童排斥問題が起こった。またこの頃、アメリカの西部諸州において日本人移民の排斥が激化した。このような両国の対立は、一九〇七（明治四〇）年から翌年にかけての日米紳士協約および一九〇八（明治四一）年の高平・ルート協定によって一応妥協したが、なおも両国間の調整は困難であり、一九一三（大正二）年にはカリフォルニア州議会が日本人の土地所有禁止法案を可決するなど、日本とアメリカの対立は根深いものであった。

こうした状況の中で、日露両国は、一九〇七（明治四〇）年以来数回にわたって日露協約を結び、満州および内外蒙古における両国の勢力範囲を定め、両国の権益を共同で防衛することを約すのであった。

③ 日露戦争の性格を調べよ。

日露戦争の性格については、学界においてもいくつかの見解がある。その第一は、日露戦争は天皇制の領土拡張欲という絶対主義的な面とブルジョアジーの満州市場獲得欲という帝国主義的な面が結びついて行われた帝国主義戦争であるとする見解で、満州市場の確保に主眼をおくものであった。その第二は、日露戦争の当初の目的は満州の門戸開放にあり、この地からロシアの軍事力を排除して韓国支配を確立することにおもなねらいがあるのであって、日本資本主義が朝鮮市場だけでは満足できないほど発展したために引き起こした戦争ではないという見解、つまり経済より政治や軍事が優先していたという考え方である。この見解によれば、日本資本主義が満州市場の独占をめざすのは、日露戦争開始後のロシアの意外な敗北と国際関係の変化にあったというのである。その第三は、日露戦争を日本とロシアの二国間の帝国戦争と見ずに、英・露を軸とする世界的な帝国主義陣営間の対立の一環として位置づけ、当期における国際政治と国際経済の複雑なからみあいの中で遂行された本格的な帝国主義戦争とみる見解である。

なお、以上のほかに、朝鮮問題と満州問題を一体不可分とする満韓一体論や、侵略戦争の面のほかに防衛戦争としての面を認めるべきだとする見解がある。この防衛戦争論については、桂首相の自伝やウィッテ伯の回想記からもうかがえるように、ロシアがしかけた侵略に対抗し、朝鮮を日本の安全保障線として防衛しようとしたのだという見解は、当時の国民意識として正しかったであろう。ただし、目的は日本のための朝鮮防衛であって、結果において同地を植民地化した事実は見落とすことができない。

45 日露戦争後、韓国併合に関する条約が締結されるまでの経過をまとめよ。

P. 372

日露戦争の勝利によって、米・英・露から韓国における優越的地位を認められた日本は、一九〇五（明治三八）年一一月、第二次日韓協約（日韓保護条約）を結び、韓国を保護国としてその外交権を接収し、京城に統監府を設け、伊藤博文を初代統監とした。こうした日本の動きに対して、反日運動は朝鮮全土に高まった。この運動を背景に、一九〇七（明治四〇）年六月、韓国皇帝はオランダのハーグで開かれていた第二回万国平和会議に密使を派遣して、韓国の独立維持を訴えたが、列国はこれを黙殺した。このハーグ密使事件をきっかけに、この年七月、第三次日韓協約が結ばれ、日本は韓国の内政権を獲得し、韓国軍隊を解散させた。この結果、義兵運動をはじめとした韓国民衆の抵抗が激化する中で、一九〇九（明治四二）年一〇月、前統監伊藤が韓国青年によってハルビン駅で暗殺された。日本は、これを契機に併合問題を急速にすすめ、一九一〇（明治四三）年八月、韓国併合に関する条約を結んで韓国を朝鮮と改称し、新たに朝鮮総督府を設け、現役武官の総督を任命し、その下でいわゆる憲兵政治を行った。こうして、朝鮮は完全に日本の植民地的支配下におかれたのである。

46

① 日本の近代産業発展の特質を述べよ。

P. 376

日本の近代産業（ここでは産業革命）の特質を列記すると、次のとおりである。第一に、欧米先進諸国に比べ遅れて近代社会への道を歩んだ日本は、近代産業を急速に成立・発展させるため、下からの自生的な発達ではなく政府による上からの保護育成によって、先進資本主義国から機械・技術・制度などを導入移植し、欧米のそれに比較してきわめて短期間に成立したこと。第二に、民間資本より国家資本・政商資本などの比重が高く、それはやがて財閥形成への道をひらき、きわめて少数の大企業の下に商工業の大部分が小規模経営の状態におかれたこと。第三に、軍事産業・輸出産業の比重が大であったこと。第四に、農村において封建的な社会関係が残存のまま寄生地主制が進行し、零細農民や小作の困窮を招いたことは、資本家に低廉な労働力を提供する要因となったこと。第五に、このことは、国内市場を狭隘《あい》なものとし、日本資本主義の海外進出を必然的なものにしたこと。第六に、急速な発展により、各部門の発達が著しく不均衡なこと、などである。

これらの特質は、そのまま日本の資本主義成立の特質につながるもので、国家の政策や社会・文化の発展にも大きな影響を与えることになった。

② 労働者が資本主義発展期に劣悪な労働条件下に置かれた理由を述べよ。

日本の資本主義が欧米諸国に対抗しつつ資本蓄積を実現することができた根拠には、労働者の低賃金による長時間労働があった。その労働力の主要な供給源は人口の八割近くを占めた農村であった。日本の農村は生活水準が低く、加えて松方正義によるデフレ政策以来の中小農民の没落によって農村に停滞的な過剰人口が生みだされ、安価な労働力の供給源となっていった。他方欧米の資本主義国に遅れて機械制大工業を導入しようとした日本は、その当初から技術水準の高い機械を導入することができた。すなわち、より少ない労働力をもって効率的な機械による生産がめざされた。このことがまた過剰な労働力人口を生みだす背景となり、農村からの労働力の代価をより低廉なものとし、劣悪な労働条件を作りだしていったのである。軽工業、特に紡績工場の女子労働者は、貧困な家計を補充するため、多くの者が人身売買的な前借制度に縛られ、低賃金労働を強いられた。そのうえ、女工は拘禁的な寄宿舎制度によって昼夜二交替の長時間労働を強制され、無権利状態で酷使されたのである。また、男子の労働条件もめぐまれたものではなく、特に土木事業や鉱山では、労働者は飯場制度、納屋制度という親方請負制の下で、人権を無視した非人間的な扱いを受けながら強制労働に駆り立てられたのである。このように、労働者は劣悪な労働条件下に置かれ、農村における地主小作関係とあいまって、社会の下層を形成していくのである。

47

① 労働運動が組織的に行われるようになったのはいつ頃か。また、その事情を述べよ。

P. 378

労働運動が組織的に行われるようになったのは、日清戦争のあと、すなわち繊維産業、軽工業を中心とする産業革命が達成された時期であった。

資本主義の発達に伴って工場賃金労働者の数が急速に増え、資本家と労働者との階級対立が現れると、各地で自然発生的にストライキが起こるようになった。このような情勢の中で、アメリカの労働総同盟（A・F・L）の指導をうけて帰国した城常太郎・沢田半之助・高野房太郎らは、一八九七（明治三〇）年四月、職工義友会を結成し、「職工諸君に寄す」という印刷物を配布して労働組合の結成を呼びかけた。さらにこの運動を推進するため、当時同じくアメリカから帰国して社会改良運動を進めていた片山潜、開明的資本家佐久間貞一らの参加をえて、同年七月、高野・片山らを幹事に労働組合期成会を結成し、日本最初の労働組合の機関紙「労働世界」を発行するなど、労働組合の組織化をめざして活発な宣伝・啓蒙活動を展開した。その結果、鉄工組合・日本鉄道矯正会・活版工同志懇談会などの労働組合が組織されることになり、近代的労働運動が推し進められるのである。

なお、ようやく盛り上がりをみせた組合組織の動きに対し、政府は、一九〇〇（明治三三）年、労働者の団結と争議を直接弾圧する意図をもつ治安警察法を制定して、これに対応したのである。

② 治安警察法を公布した第二次山県内閣の主な政策を調べよ。

一八九八（明治三一）年一一月、隈板内閣のあとを継いだ第二次山県有朋内閣は、この年一二月、憲政党と提携して懸案の地租増徴案（二・五％から三・三％へ）を成立させた。また、官僚機構を政党勢力の進出から守ることに努め、一八九九（明治三二）年三月、文官任用令を改正して官吏の任用資格を厳しくし、政党員の高級官吏任用の道をとざすと同時に、文官分限令を定めて官吏の身分保障を強化した。さらに一九〇〇（明治三三）年には軍部大臣現役武官制を制度化して、陸・海軍大臣の現役の大将・中将に限ることにして軍部の立場を明確にした。一方、一九〇〇年三月には治安警察法を制定して社会運動をおさえるとともに衆議院議員選挙法を改正して都市選出議員の定員を増加し、有権者の納税資格を直接国税一五円から一〇円に引き下げた。

48 社会民主党が即日解散させられた理由を述べよ。

P. 380

社会民主党は、人類の平等・軍備全廃・階級制度全廃・資本および土地の国有など八か条を理想としてかかげ、実際運動の綱領として、労働時間の八時間制限・労働者の団結権公認・普通選挙法の実施・貴族院の廃止・軍備の縮小・治安警察法の廃止など二八か条を定め、社会主義と民主主義の実現をめざした。しかし、第四次伊藤博文内閣は、「貴族院の廃止」と「軍備の縮小」を運動綱領にうたったことを極端に嫌い、前年に制定された治安警察法に違反するものとして即日解散を命じたのである。

49 日露戦争後の社会で戊申詔書が出されてくる背景についてまとめよ。

P. 382

日露戦争は世界の大国ロシアに東洋の小さな島国日本が勝利した戦争であり、それは世界の一等国たることをめざした日本の近代化のひとつの到達点であった。日清、日露の二つの戦争を経る中で、日本は急速な資本主義化を遂げ、また日露戦争の勝利は日本による朝鮮の植民地化を決定的なものとした。日本は最後に帝国主義国の仲間入りをした。しかしその一方で国家目標の達成はまた大きな影を当時の日本社会に投げかけるものでもあった。それは莫大な戦費を調達するために国民に課された増税とその負担に苦しむ民衆の姿であり、兵站基地としての農村社会の疲弊であった。また資本主義的発展の一方で足尾銅山鉱毒事件や、雑誌「日本人」に紹介されるような高島炭坑の坑夫たちの惨状であり、横山源之助の『日本之下層社会』にみる女工たちの窮状であった。日露戦争に前後して次代を担う青年たちの中には、ひとつの目標を失い、虚脱感に陥いるもの、またその逆に実利に走る青年、国家の利益よりも個人の利益を優先させるような風潮も現れていた。特にそれが国家のエリートたるべき帝国大学を頂点とする学生たちの間に広がり、まさに「思想の悪化」と内務省をして言わしめるような状況が生まれていた。また一九〇一（明治三四）年の社会民主党の結成にみるように、社会主義思想が広がりつつあることも政府にとっては脅威であった。このような状況の中で政府は国民精神の教化の方針として戊申詔書を発した。贅沢《ぜいたく》を戒め、天皇を中心とした国民としての精神の一体感を強調したものであった。これは地方改良運動とも一体のものとして推進された。日露戦争後村が疲弊していく一方、行政単位としての村の役割が重視されていく中で、民衆の意識を行政村としての地域の一体感へと転換させていくことが図られた。神社を中心とした村の祭り、また報徳社の「一村一家、勤倹貯蓄」を合わせ広めていく中での村の構築が行われた。その過程の中で忠魂碑、あるいは戦争記念碑等の設立、顕彰を行い「国へ連なる村」の意識の高揚をはかろうとした。戊申詔書は国が強大化すればするほど国民が乖離していく社会矛盾の中で国民精神の統一をはかろうとするものであった。

50 大逆事件にみられる政府の意図は何か。

P. 385

一九〇八（明治四一）年、赤旗事件を契機に第二次桂太郎内閣が成立すると、社会主義運動に対する弾圧は特に厳しくなり、合法的活動の自由すら奪われたため、社会主義者は官憲の圧迫に強く反発し、無政府主義の傾向を強めていった。このような情勢の中で、一九一〇（明治四三）年、一部の無政府主義者による明治天皇暗殺計画が発覚した。ときの桂内閣は、この機会を捉えて社会主義運動を徹底的に抑圧しようとはかり、謀議に直接関係のなかった多くの社会主義者を検挙した。そのうち二六名が大逆罪の容疑で起訴され、翌年一月の非公開裁判によって二四名に死刑の判決が下り、翌日の恩赦によってそのうち一二名が無期懲役に減刑されたが、幸徳以下一二名の死刑は執行された。この断罪は、明らかに権力の作為による政治裁判であった。

このように、大逆事件は社会主義運動絶滅の意図をもって桂内閣がしくんだ捏造《ねつぞう》事件であった。この事件によって、社会主義運動は徹底的な打撃をうけ、さらにその後も警視庁に特別高等課を設けるなど、取締りの強化と弾圧が加えられたので、社会主義者の活動は困難となり、社会主義運動にとっていわゆる〝冬の時代〟を迎えることになった。

51 工場法の主な内容を調べよ。

P. 387

日清・日露戦争により、我が国の軽・重工業は著しく発達し、資本主義は進展したが、それとともに各種の社会問題を生じ、ことに工場労働者の問題が重大であった。こうした情勢の中で、労働者や社会主義者が要求してきた工場法は、資本家の反対のためたびたび議会で不成立に終わっていたが、一九一一（明治四四）年三月、ようやく議会を通過して公布された。その主な内容は、一二歳未満の年少者の就業や、一五歳未満の年少者・婦人の一日一二時間以上の労働・深夜業などを禁止しており、年少者や婦人の保護を眼目とするものであった。また、業務上の傷病・死亡に対する扶助制度、病者・産婦の使用制限、工場管理人制なども規定されている。

しかし、この法律は、適用範囲を一五人以上の労働者を使用する工場と危険な事業所に限り、また多くの例外規定があり、少年工および女工の一日一四時間労働を許すといった不徹底なものであり、実効性を欠いたものであった。しかも、施行期日も定めず（現実には大正五年から施行）、労働者の保護を目的とする法律としてはきわめて不十分なものであった。

52 『小説神髄』が日本の近代文学の中で果たした役割について述べよ。

P. 388

坪内逍遙はシェークスピアの作品を熟読し、また本居宣長の文学観をふまえる中で一八八五（明治一八）年『小説神髄』を書き、それまでの「文学は作りもの、また世の中の勧善懲悪に資するもの」とする文学観を大きく転換させた。小説の目的は人生を写すこととし、いわゆる写実主義を主張した。これはまた当時の文壇の主流をなしていた政治小説とも一線を画するものであった。人間の人情、心理を中心にして世態風俗をえがき写実を唱えた。次いで現れた二葉亭四迷や硯友社の写実小説をはじめ、後の日本の近代文学はこの『小説神髄』の影響の下に発展していった。

第8章　近代日本とアジア

1　大正政変の歴史的意義を述べよ。

P. 391

第二次西園寺公望内閣が、二個師団増設を主張する陸軍の抵抗（陸軍のストライキ）にあい、一九一二（大正元）年に倒れた後を受け、内大臣兼侍従長であった長州閥の桂太郎が、詔勅の援護を受け三たび首相に就任した。

これに対し、宮中と府中の別を侵すもの、また軍と藩閥の横暴であると考えた政党（政友会・国民党）・新聞記者・学者らが反発し、全国的な憲政擁護運動を展開させ桂内閣を辞職に追い込んだ。これを大正政変という。

大正政変は大正デモクラシーの出発点とされるが、その意義は以下の三点にまとめられる。第一点は、桂園時代が藩閥と政党勢力の妥協の上に立つ時代とすれば、その均衡が崩れて対立激化の中、一応藩閥政治にピリオドが打たれ、その後の紆余曲折を経て、原敬内閣で政党政治が成立する。その一つの転換点になったことである。さらには第二点として、尾崎行雄の内閣弾劾演説の中で、詔勅までもが批判の対象となっている点が注目される。天皇権威をもってしても、議会に基礎を持たぬ政府は存立しにくいことを示している。そして第三点は、憲政擁護大会などに参集した民衆の力で内閣を打倒した点である。大正デモクラシー開幕を告げるにふさわしい事件であったと言えよう。

2　第一次世界大戦参戦の目的とその結果を調べよ。

P. 393

イギリスがドイツに宣戦した一九一四（大正三）年八月四日、大隈内閣は欧州戦争には厳正中立を期するが、イギリスが参戦した場合は必要な措置をとると声明した。イギリスは日本の態度を警戒し、東アジアとくに中国の現状維持を望んでいたが、八月七日、日本に対して東シナ海でイギリス商船を攻撃するドイツ武装商船の捜索撃破を要請してきた。要請をうけた日本政府は、ただちに参戦を決定した。日本の参戦の真の理由は、加藤外相が述べた「英国からの依頼に基く同盟の情誼と、帝国が此機会に独逸の根拠地を東洋から一掃して、国際上に一段と地位を高めるの利益」とにあった。

なお、掲載の史料は、大正三年八月七日、大隈首相邸で開かれた緊急臨時閣議における外務大臣加藤高明の参戦を主張する発言の一節である。第三次日英同盟協約の規定では、「東亜及印度に於ける……領土権又は特殊利益」が直接侵害されないかぎり、日本は参戦の義務を負うものではなかった。加藤外相が「同盟の情誼」と表現したのもここに理由があった。加藤外相はさらに「参戦せず単に好意の中立を守って、内に国力の充実を図るも一策」としたが、会議は結局、「同盟による義務であると同時に遼東還付に対する復讐戦でもある」と断じて参戦に踏み切った。つまり、日英同盟の名を借りて三国干渉の報復を行いドイツの利益を奪取するとともに、国際的地位の向上と資本主義経済の発展・確立をはかることが目的であった。

一九一八（大正七）年一一月、四年三カ月余も戦い続けられた第一次世界大戦は、連合国側の勝利に帰し、休戦条約がパリで結ばれることとなった。これが、一九一九（大正八）年六月に調印されたヴェルサイユ条約である。講和会議にあたって日本は、イギリス・フランス・アメリカ・イタリアとともに五大国の一つとして大きな発言権をもつこととなった。ヴェルサイユ会議において日本が主張したのは、㈠赤道以北の旧ドイツ領南洋諸島の日本への割譲、㈡国際連盟規約に関連する人種差別撤廃、㈢中国の山東省の旧ドイツ権益の譲渡、の三つであった。

第㈠の旧ドイツ領南洋諸島の割譲要求は、アメリカ大統領ウィルソンの反対にあい、国際連盟からの委任統治という形式で、これらの諸島は日本の実質上の支配下におかれることになった。第㈡の人種差別撤廃要求は、国際連盟創設の機会に、人種差別による不利を招かないようにという配慮から提案したものであった。この提案は中国をはじめ有色人種や少数民族の間では強く支持されたが、アメリカ・オーストラリアはアジア人移民にたいして制限立法を行ってきている関係から強く反対し、イギリスもその植民地に多くの有色人種をかかえている関係上、オーストラリアの主張を支持した。この日本案をめぐって会議は紛糾したが、結局、否決された。第㈢の山東省の旧ドイツ権益の日本への譲渡要求は講和会議で日本がもっとも強硬に主張したものであったが、中国側の反対にあって、青島に居留地を設定することだけが認められた。なお、講和会議において、アメリカ大統領ウィルソンはデモクラシーと民族自決主義こそ世界平和を保障するものと主張し、その提案に基づいて国際平和の機関として、一九二〇（大正九）年、国際連盟が設立された。しかし、提案者のアメリカとソ連はこれに加わらなかった。日本は連盟の常任理事国の一つとなり、その後、英・米先進列強と国際協調の外交が展開された。

3 二十一カ条の要求に対する各国の反響と、その後の国際関係に与えた影響を述べよ。

P.395

日本が中国の袁世凱政府に一九一五（大正四）年一月一八日提出した二十一カ条の要求のうち、特に第五号は中国政府に政治・財政・軍事顧問に日本人を採用することなどを要求する内容で、主権を著しく侵害するものであったため、日本は「希望事項」として英・仏・蘭・米にも秘密にしていた。

これに対し袁世凱が、列強の介入を期待し内容を漏洩した結果、中国国内では民衆の憤激を呼び、中国民衆の民族的自覚が高まり、日貨排斥・救国儲金などの形で抗議運動を展開した。そして、日本側から最後通牒をつきつけられ第五号を除いて、その大部分をやむなく受諾した五月九日を「国恥記念日」とするなど、日本の中国侵略の象徴として長く記憶され非難され続けるのである。

一方、ヨーロッパでは、第一次世界大戦の戦況が深刻化していたこともあり、イギリスは反対の立場を表明したものの、中国が期待していたほどの反響や干渉は起こらなかった。また、当初中立的であったアメリカは、第五号の存在と日本の示威行動を知り、中国支持の立場に転じて日本に抗議をした。中国調印後も、アメリカは不承認宣言を発し認めようとしなかった。が、その後アメリカが一九一七年ドイツに宣戦したことで、日米間に歩みよりが生まれ、石井・ランシング協定が結ばれて、中国における日本の特殊権益をアメリカが認める妥協がはかられた。しかし、大戦終結後のワシントン会議で、アメリカなどの主張により二十一カ条の要求の一部放棄が行われた。さらに同会議では日英同盟も終了が同意された。

4 ① 民本主義の主張を述べよ。

P.396

第一次世界大戦を通じて連合国は、同盟国側と戦う上の理念として、軍事主義打倒、民主主義擁護を標榜したので、デモクラシーの風潮は世界にひろがり、これが日本にも及び、日本の民主主義運動を進展させる思想的よりどころともなった。すでに第一次護憲運動に成果をあげていた大正デモクラシー運動は、こうして新たなひろがりをもって大戦下に高揚したのである。このような時期に、政治学者、思想家である吉野作造は三年の欧米留学において、その民衆運動に深い感銘をうけて帰国し、一九一六（大正五）年一月、中央公論に「憲政の本義を説いて其有終の美を済すの途を論ず」を発表、従来使用されていた「民本主義」の用語に新たな観点を持ち込んで理論化した。彼の主唱する民本主義はデモクラシーの訳語であるが、民主主義とは異なる。民主主義の「国家の主権は人民にあり」とする主権在民の観念を内包するデモクラシーと区別して、民本主義は「法律の理論上主権の何人にありやということは措いてこれをとわず」、ただ行使にあたり憲法の範囲内で「主権者はすべからく一般民衆の利福ならびに意嚮《いこう》を重んずる方針」とする主義である。すなわち政治の目的は一般民衆のために、政策の決定は一般民衆の意向によって行われなければならないとする。そして当面の具体的目標としては、政党内閣制、普通選挙法、貴族院の改革などを説いた。大正デモクラシーの支柱になり、大正末年の護憲三派内閣の成立、普通選挙法の公布はその成果として認められている。

② 民本主義の主張はどんな運動に大きな影響を与えたか。

吉野作造の民本主義は、大正デモクラシー運動に理論的武器を与えた。すなわち、その論文は、政党内閣の実現によって閥族勢力を退け、財産による選挙権の制限を撤廃する普通選挙によって、議会と政党とを民衆の意志に基づかせようとする論旨であった。この主張は、寺内内閣の秘密外交や言論弾圧政策に対する反感に結びつき、「大阪朝日新聞」、「大阪毎日新聞」など多くの言論機関に支持されて、国民の間にひろまった。おりから連合国がデモクラシーを戦争目的としてかかげたことに刺激されて、吉野の主張は、たちまち都市中産階級の心をとらえた。さらに、一九一八（大正八）年には、黎明会を組織して全国的に啓蒙運動を行い、知識層を中心に大きな影響を与えた。また、吉野らの影響をうけた学生らによって、東大新人会などが結成され、彼らは労働・農民運動と結びついていった。こうした革新的な雰囲気のなかで、古い社会主義者たちも活動を再開した。とくに民本主義は、民衆の政治参加を主張するもので、普通選挙運動に大きな影響を与え、一九一九・二〇（大正八・九）年には改革気運を代表する大衆運動として盛りあがり、大正末年の護憲三派内閣の成立、普通選挙法の公布はその成果として認められている。

5

P. 397

① 第一次世界大戦の日本経済に与えた影響を述べよ。

第一次世界大戦は、日露戦争後の慢性的不況にあった経済界に大戦景気をもたらし、ヨーロッパ諸国が戦争の遂行に専念しているなかで日本の資本主義は著しい発展をとげたのである。この大戦の日本経済に与えた影響の第一は、日本は参戦はしたものの主戦場であるヨーロッパから遠く離れ、大戦の惨禍を被ることなく、しかも戦争中ヨーロッパ商品がアジア市場から後退したのにかわって、日本商品が盛んに海外市場に進出した。また、連合国からの軍需品の大量な注文も加わって、日本経済、特に貿易は非常な好況を迎え一躍輸出超過に転じたこと。第二に、貿易の好況と世界的な船舶の不足は、わが国の海運業界に活気を与え、いわゆる船成金時代を現出したこと。第三に、国内市場においても、従来ヨーロッパ先進国からの輸入に依存していた機械工業、化学工業部門の製品が輸入されなくなると、国内でそれら製品を製造する産業が発展して、しだいに自給されるようになり、ここに軽工業・重工業が飛躍的に発展したこと、などである。

軽工業のなかでもっとも著しい躍進をとげたのが、紡績・製糸・織物などの輸出繊維部門であった。特に紡績業は、イギリスをおさえて世界一の紡績国へとのしあがっていった。日露戦争を通じて発展をとげた重工業部門は、大戦の結果、世界的水準に達した。なかでも、造船業・鉄鋼業の発展はめざましく、八幡製鉄所の拡張や、満鉄の鞍山製鉄所が新設された。石炭業でも、炭田の開発・技術の機械化などによって採炭量の大幅な増加をみた。また、電力も動力として多量に利用され、蒸気力をしのぐほどになった。このように、大戦を通じて日本の資本主義はほぼ完成されたが、それは、大戦後の恐慌を経て資本の集中と集積による独占資本の確立となり、帝国主義体制が整ったということである。しかし、一方大戦は物価騰貴をもたらし、労働者・農民の生活を圧迫し、労働争議や小作争議を増加させるに至った。

② 米騒動の原因と影響を述べよ。

第一次世界大戦は、日本経済に非常な好況をもたらしたが、反面、インフレ傾向が生まれ、諸物価は上昇をつづけ、労働者などの多くは実質賃金が低下して民衆の生活が圧迫された。なかでも米価は、一九一八（大正七）年五月頃から著しい騰貴をはじめた。労働者の増加と人口の都市集中が米の消費量を増大させたが、米の生産量はあまり伸びなかった。寺内正毅内閣は根本的な対策である外米輸入関税には手をつけず、さらに同年七月表面化したシベリア出兵をみこしての米商人・地主らが買占めや売り惜しみをしたことが直接の要因である。

この年の春には一升二〇銭の米が、夏になると四五銭から五〇銭というふうに、うなぎのぼりに上がっていった。富山県下新川郡魚津町の漁民の多くは出稼漁業であり、一九一八年は不漁のため生活の窮乏が著しかった。七月二三日、同町の主婦たちは、米価の騰貴は米の県外移出のためと考えてその積出しをやめるよう嘆願運動を起こした。この動きはしだいに広がり、八月三日には中新川郡西水橋町の漁民の主婦二〇〇名が嘆願運動を起こし、ついには米屋をおそって米の搬出をくいとめ、米の廉売を要求して米商人・町村役場などをおそって騒動を起こした。民本主義の潮流が民衆の中に浸透し、またロシア革命の成功が心理的影響を与え、騒動激発の素地ができていたのである。この事件は「女一揆暴れ廻る」と新聞にも報道され、たちまち全国各地に広がっていった。騒動の起こった範囲は、一道三府三二県にわたって零細農・漁民、都市貧民、被差別部落民が加わり、その数七〇万をかぞえたといわれる。寺内正毅内閣は、この米騒動に対して、米価の引き下げを行う一方、警察と軍隊を動員してようやく騒動を鎮圧した。しかし、同内閣は、この事件の責任を負って総辞職した。

なお、米騒動は、民衆による自然発生的な暴動で、政友会などの諸政党は傍観したため政治的・組織的指導を欠き、持続的な民衆の運動とはならなかったが、この事件は、その後の社会運動の発展に刺激を与えた。民衆が自分たちの力を知り、自信を得たとともに、その力を有機的に働かす組織づくりの必要性をも痛感した。それが、友愛会の組織拡充、日本農民組合・全国水平社などの結成や、普通選挙運動の盛り上がりの中、政党政治への道もひらいていくこととなる。

③ シベリア出兵の目的を考えよ。

一九一七（大正六）年、世界大戦はアメリカの参戦でいよいよ大規模となり、総力戦の様相を濃くしたが、大戦に重大な転換をもたらしたのはロシア革命であった。ロシアでは、帝政の圧制に戦争の疲弊が加わって民衆の不満が高まり、三月に社会主義革命が起こり、一一月にソビエト政権が誕生した。この世界最初の社会主義国家の成立は帝国主義諸国を驚愕させ、とくにロシアと結んでその立場を有利に展開しようとしていた日本は、国際的な孤立状態に追いこまれることとなった。また、新政権が一九一八（大正七）年三月にドイツと単独講和を結び、連合国側から脱落したことは、連合国にとって大きな痛手となった。一九一八（大正七）年、日本をはじめとする連合国は、革命が自国に波及するのを恐れ、ソビエト政権をおさえるためチェコ軍の救援を名目として共同出兵した。寺内正毅内閣は、さらにこの機会にシベリアに勢力範囲を拡大しようとして出兵を断行した。

出兵については、各国が協調し、総兵力は二八、〇〇〇、うち日本は一二、〇〇〇であったが、日本は協定を無視して、バイカル湖に派兵、七三、〇〇〇の兵力で反ソビエト勢力を支援しつつ東部シベリアを占領した。各国は一九二〇（大正九）年六月までに撤兵したが、日本は撤兵しなかったので、領土的野心を非難され、一九二二（大正一一）年、ワシントン会議で撤兵を明らかにし、同年一〇月、撤兵を完了した。

---

6 文芸運動に始まる青鞜社は、女性解放運動にどのような役割を果たしたか調べよ。

P. 401

文芸運動を通じて社会の因襲と戦うため、一九一一（明治四四）年に平塚らいてうら女性だけによって創立された青鞜社は、機関紙『青鞜』を毎月発行して同人たちの短歌・詩・小説・評論を載せ、また研究会・講演会を開いて、女性解放のための多くの問題に積極的に取り組んだ。そのため、世間からは新しい女性の出現として注目され、種々の圧迫を受けながら、旧道徳の破壊・女性の解放を主張しつづけたが、一九一六（大正五）年、機関紙の発行が財政上困難をきたし、第五二号を最後に廃刊となり青鞜社は解散した。しかし、その流れをくんで、一九二〇（大正九）年には平塚が市川房枝・奥むめおらと新婦人協会を設立して、女性参政権獲得運動に踏み出したように、女性解放運動史上に大きな役割を果たしたのである。

7 統帥権干犯問題とはどういうことか。

P. 409

統帥権とは軍隊指揮権をさし、国務大権・皇室大権とならぶ天皇大権の一つである。大日本帝国憲法一一条「天皇ハ陸海軍ヲ統帥ス」の条文は拡大解釈され、天皇のもつ統帥権は国務大臣や議会の権限外とされた。一九三〇（昭和五）年、ロンドン軍縮条約が批准されるにあたって起こったのが、統帥権干犯問題であった。政府が命じてこの条約に調印させたこと、文官である若槻礼次郎が海軍の反対をおしきって調印したことは、天皇大権の事項である統帥権を犯すものであるといって、枢密院の一部や海軍軍令部が批准に激しく反対した。これに対して政府は、第一二条の軍の編制・常備兵額の決定は国務事項であり、統帥権を干犯するものではないとした。しかし、軍部や右翼団体の不満は激しく、かろうじて枢密院の承認をとりつけることに成功し条約を批准したのである。そのため、時の首相浜口雄幸は、右翼団体愛国社の一員に狙撃されることとなった。

なお、この事件の影響として次の二点があげられる。第一に、民政党の議会内の対抗勢力である政友会が、議会外勢力と結託して、自ら政党政治の墓穴を掘った姿が露骨にみられた。第二に、この事件を通じて軍の政府からの独立はかえって助長された。翌年満州事変が勃発すると、政府はまったく軍の行動を抑止する力を持ちえなくなったのである。

8 平民宰相と呼ばれた原敬の政治姿勢を調べよ。

P. 410

一九一八（大正七）年九月、立憲政友会総裁原敬を首班に、実質上、日本で最初の政党内閣が成立した。原敬は爵位を持たず、またこの内閣は、陸・海相と外相以外は政友会員で組織したので、「本格的政党内閣」・「平民宰相」として国民から大きな期待をもって迎えられた。

原内閣の政治姿勢は「今日の善政は民意に合する」ようにしなければならないことを強調し、次のような政策を明確にした。第一に、教育施設の改善充実、第二に、交通機関の整備、第三に、産業及び通商貿易の振興、第四に、国防の充実である。この積極策こそは、第一次大戦下の未曽有の経済好況と財政の伸びを利用して、列強諸国に伍して軍備拡張と経済成長を推進しようとすることにほかならなかった。さらに、選挙権の納税資格の引き下げ、小選挙区制の採用という政友会に有利となる選挙法改正によって党勢の伸長につとめた。一方、高まってきた社会主義運動には抑圧政策をとり、普通選挙運動に対しては、第四二回議会で野党提出の普通選挙法案を拒否し、議会を解散した。対外的にも、シベリア出兵を継続し、尼港事件が起こった。この間、軍備充実につとめたり、満鉄事件、アヘン事件と二つの疑獄事件を起こしたり、民意に反する行動をとったことは、党利党略を専らとする政治家として批判をうけ、一九二一（大正一〇）年、東京駅頭で刺殺された。

9

P. 413

① 治安維持法の目的を述べよ。

治安維持法は、一九二五（大正一四）年、普通選挙法と同時に議会を通過成立した。この法律制定の目的は、同年、日ソ国交樹立や普通選挙法の成立によって、納税による制限が撤廃された結果、労働運動・社会主義運動が活発になることをおそれて、普通選挙法下の新たな対策としてこの法律を成立せしめたのである。政府は提案のとき、国体の変革又は私有財産制度を否認するを目的として結社を組織し、あるいはこれに加入、援助したりする行為を厳禁したもので、穏健な労働運動や社会主義運動を抑圧するものではないと説明したが、一九二八（昭和三）年以降の改正によって同法が強化されるとともに次第に拡大解釈され、社会主義運動や労働運動の取り締まりから、後には民主主義、自由主義思想の取り締まりにまで用いられ、国民の思想の自由を迫害する具とされるにいたった。

② 治安維持法が改正ごとに内容をどう変更していったのか述べよ。

治安維持法第一条では、「国体を変革し、及び私有財産制度を否認せんとする」結社及び運動を禁止し、違反者は一〇年以下の懲役又は禁錮の刑を定めた。一九二八（昭和三）年、共産党検挙の三・一五事件が起こると、田中内閣は緊急勅令で改正を行い、第一条の「国体の変革」に関する罰は、死刑又は無期もしくは五年以上の懲役もしくは禁錮に処することにした。改正法の特色としては、第一に最高刑を死刑にするなど全体に刑を加重したこと、第二に「結社の目的遂行のためにする行為」というあいまいな規定が新たに導入されて、以後官憲の拡大解釈によって、弾圧の対象がいっそう拡大していったこと、などである。その後、一九四一（昭和一六）年の改正で予防拘禁制を採用し、治安維持法違反で刑罰を受けた思想犯は、その思想を変えない限り、刑期が終わっても拘禁されることになった。

10

① 金融恐慌の原因と政府の対策を述べよ。

P. 416

第一次大戦の終結後、日本経済は、戦時中の好景気から慢性的けいれん的といわれる恐慌に入っていった。一九二七（昭和二）年三月一五日、震災手形の処理の不手際から金融恐慌が起こったが、根本原因は日本経済の矛盾の積み重ねにあった。すなわち、戦後恐慌や大震災での打撃があるごとに、政府が財界の動揺を防いできたことによって、企業の整理が進まず、不況から回復することができなかったからである。政府は、この全国的な金融恐慌への対策として震災地を支払地とする手形（いわゆる震災手形）を保証し、日銀に再割引させて一時急場をしのいだ。しかし、震災後数年を経ても、不良銀行はなお清算できない震災手形を抱えており、このため政府は金解禁の前提として、震災手形を整理すべく、中小銀行の内容について厳重な調査を行い恐慌の拡大をくいとめようとしたが、震災手形の処理に関連して、一部銀行の不良な経営が時の蔵相片岡直温の失言によりあばかれた。取り付け騒ぎが起こって銀行の休業が続出した。やがて、この金融不安のなかで鈴木商店と台湾銀行の窮状が表面に現れるに及んで、若槻内閣は緊急勅令による日銀の非常貸出を計画したが、中国における北伐の進行に対して、幣原喜重郎外相の幣原外交を「軟弱外交」と批判する枢密院が否決したので、即日総辞職した。台湾銀行は翌日休業したため恐慌は一挙に拡大し、十五銀行をはじめ休業銀行が全国的に続出し、そのほか多くの銀行も取り付けにあった。次の田中義一内閣は、二日間の休業と三週間を期限とするモラトリアム（支払猶予）の勅令という非常手段に訴え、同時に銀行救済の非常貸出と相まって、未曽有の金融恐慌は辛うじておさまった。

② 金融恐慌の金融界に及ぼした影響を述べよ。

金融恐慌の結果、三七の銀行が休業した。そのため、金融界のみならず、経済全般に影響を及ぼした。すなわち、中小銀行は多く淘汰され、さらに一九二八（昭和三）年の銀行法で銀行合併が促進された。とくに中小銀行への不信が高まり、大口預金は大銀行に集中し、三井・三菱・住友・第一・安田の五大銀行の独占が進み、全国預金総額の三分の一に及ぶ預金を集中するとともに諸企業への独占的支配力を強めた。

11

満州某重大事件の内政に及ぼした影響を調べよ。

P. 418

一九二八（昭和三）年六月、関東軍の一部が独走して、満州軍閥の巨頭張作霖を爆殺した。当時、この事件の真相は国民に知らされず、満州某重大事件とよばれたが、田中義一内閣に対する批判の声を、国民の間に広く呼び起こすこととなった。民政党は、この事件ののち声明を出して、山東出兵が著しき軽挙妄動であり、田中内閣の対華外交は「確固たる信念なくしてみだりに事をおこすを常とす」と非難した。七月にはいって、張作霖の子、張学良が国民政府と妥協して満州の政権・軍権をその管轄下にいれようとすると、田中内閣はその中止を警告した。このときも民政党では内政干渉のおそれがあると声明し、田中内閣の対華強硬外交の「軽率」を攻撃した。政権につく可能性のある第二党が政府の出兵政策に公然と攻撃をくわえたことは、注目すべきことであった。一九二九（昭和四）年の第五六議会では、民政党は張作霖爆殺事件をとらえて事件の真相を説明せよとせまった。田中首相は、これに対して、ただ調査中との答弁でおしとおした。政府が絶対多数の力をかりて衆議院をおしきったとき、その行く手にたちはだかったのは貴族院であった。前年の内閣改造のさい、閣僚の辞意をひるがえさせるために詔勅を濫用したという「優諚《ゆうじょう》問題」が絶好の内閣攻撃材料となり、民政系議員の運動で田中内閣反対の気勢はあがった。そのため、衆議院を通過した主要法案は、ほとんど審議未了に終わり、政府は大きな痛手をうけた。次のつまずきとなったのは、二八年八月、パリで調印した不戦条約であった。この第一条に「人民の名において」の一句があったことが枢密院で問題となり、国体と憲法に違反するとして承認をこばんだ。議会主義を旗印とした民政党も、不戦条約に賛意を表しながらも、この点については枢密院に同調した。政府は、この一句は日本に適用されないとの留保条件を付して、ようやくこの危機を切りぬけることができた。

こうして田中内閣は野党の批判をあび、ついには陸軍・官僚・元老にも反対され、対外的にも中国の民族運動の集中砲火をあび、イギリス・アメリカとの矛盾を強め、国際的に孤立を深め、天皇の信任も失って、倒壊したのである。

12 満州事変の主な原因をまとめよ。

P. 420

一九三一（昭和六）年九月一八日、柳条湖事件をきっかけに満州事変がはじまった。この事変のおもな原因は、中国の革命運動が満州及び朝鮮にも波及することを防ぎ、満州を対ソ軍事基地として確保すること、また、大恐慌のなかで深まりつつある国内の矛盾を外にそらし、資本主義の危機からの脱出口を、満州市場の独占と戦争経済に求めたことにあった。

なお、満州を支配する必要性については、軍部も、元老、政党、財界も一致していた。これに対して第二次若槻礼二郎内閣は、不拡大方針を決定したが、関東軍はこれを無視して占領地を拡大し、世論も軍の行動を支持したので、収拾の自信を失った若槻内閣は総辞職し、政友会の犬養毅が組閣するにいたった。

13 国際連盟脱退の理由は何か。

P. 424

日本の国際連盟脱退へのプロセスは、一九三一（昭和六）年九月の柳条湖事件後に、蔣介石の国民政府が満州問題について国際連盟に提訴したことから始まる。

中国の民族主義と共産主義の台頭に不安を抱く欧米列強は当初中国に対して冷淡であったが、一〇月八日の関東軍による錦州攻撃は国際世論を刺激した。国際連盟は、日本に圧力をかけられる国として未加盟国のアメリカをオブザーバーとして招請して問題の解決に当たったが、事務総長の調停などが不調に終わり事態の収拾ができなかった。そのため連盟は一二月、英・米・仏・独・伊からなる日華紛争委員会をイギリスのリットンを委員長として派遣することを決め、翌一九三二（昭和七）年三月から三か月半、満州や中国要地での調査を行った。

同年一〇月に公表されたリットン報告書は、満州に対する中国の主権を認めながら、日本の権益を全面的に保障する内容も含む、比較的日本に宥和的なものだったが、この間、関東軍の北満州への進攻、上海事変、満州国の成立と承認などを経ていた日本は外交姿勢を硬化させており、報告書の「満州事変を自衛行動と認めない」ことと、「満州の国際管理」を提案した点に強く反対した。

リットン報告書の審議は一一月から開始された。連盟代表として派遣された松岡洋右の意図は、強硬姿勢を見せながら妥協を引き出し、連盟脱退の回避をはかることであった。事実、英仏は日本に好意的であったが、中国や他の国々の猛反対で妥協案が実現しなかった上、翌三三年に入り熱河問題で事態が悪化して、リットン報告書に準拠した勧告案が二月二四日採択された。

松岡洋右代表は、世論に後押しされた閣議決定を受け、勧告案採択とともに退場し、脱退の通告文を提出した。連盟脱退はその後の日本の孤立外交への大きな転機であるとともに、国際連盟も無力ぶりを露呈し連盟崩壊の第一歩を踏み出したのである。

14 ① 日本ファシズムの特色を述べよ。

P. 426

満州事変から敗戦にいたる時期の日本ファシズムについては多くの見解が出されており、ファシズムの存在を否定する説もある。が、肯定説に立ってドイツ・イタリアのファシズムとの比較のもとに特色をあげてみる。

第一には、独・伊が国内の緊迫した革命状況の中で興ってきたのに対し、日本ではロシア革命や中国革命への危機感や、国際連盟脱退に象徴される国際的孤立化などの対外的危機を主要な契機としている点である。

第二には、主体の違いである。独・伊では、民間の運動が大衆のエネルギーを呼び集め、やがて権力に到達していったのに対し、日本では民間右翼の大衆運動は主体となり得なかったことである。軍部と天皇制官僚が中心となり、右翼勢力と結合し、また「軍財抱合」により財界と協力して侵略戦争を進展させる中で成長してきたものであった。このような形成過程の違いから、独・伊の「下からのファシズム」に対し、日本のを「上からのファシズム」とも呼ぶ。

第三には、日本ファシズムが、体系的なイデオロギーを持たないことである。「大東亜新秩序」などのスローガンも、ナチスの思想を援用し天皇制イデオロギーを焼き直したものに過ぎず、一国一党制を中心とする新しい国家体制を構築した独・伊に対し、天皇制国家の手直しを目指すのみにとどまっていた。

さらに、急激に進められた独・伊のファシズムに対し、一九一九（大正八）年の北一輝『日本改造法案大綱』の頃から一九四五（昭和二〇）年まで、漸進的に形成されたことも特色の一つである。

② 日本改造法案大綱が、当時の青年将校に大きな影響を与えた理由を述べよ。

一九一九（大正八）年、北一輝が上海で執筆した『日本改造法案大綱』は、日本の国家社会主義的改造計画を述べたものである。その主な内容は、戒厳令施行、憲法停止、議会解散、在郷軍人団基礎の改造内閣、私有財産制限、大企業の国営、華族制貴族院廃止などである。これが謄写版などで青年将校らに配布されて以来、二・二六事件をはじめ、軍部・右翼の運動に影響を与えたのである。

とくに青年将校に大きな影響を与えたのは、当時、第一次世界大戦後の経済の不安定、急激に流入した自由主義思潮と保守的な思想との対立を含めた思想的混乱、政党政治家の腐敗と軍部の軽視（主として陸軍の）という風潮にあったので、青年将校らの運動に思想的基盤を与えたものであった。

③ 五・一五事件の歴史的意義を述べよ。

一九三二（昭和七）年五月一五日、古賀清志・中村義雄など一〇名の海軍青年士官と一一名の陸軍士官候補生が井上日召らの血盟団事件の続行として決起し、首相官邸その他を襲撃して政友会総裁犬養毅首相を殺害する一方、民間においても神武会会頭大川周明などがそれぞれの勢力をもってそれに加担するという事件が起こった。この事件の意図は、「君側の奸」を打倒することであった。天皇を国民から疎外している中間的存在を除去すれば、国を覆っている一切の悪弊を排除しうるというのが、決起将校に共通した思考であった。これらの青年将校及び右翼は、日本のゆきづまりが元老・重臣・財閥・政党・官僚などの支配層の腐敗にあるとして、「討奸」の名でこれらを倒して天皇をたて、軍を中心とする強力な内閣を樹立し、内外政策の大転換をはかろうとしたのである。以上のように、五・一五事件は、農本主義者橘孝三郎などの加担によって、農村問題が政治の前面にとりあげられるようになったこと、軍部が事件を政治的進出に利用して勢力が強力になったこと、また関係者を軽罪にとどめたことで、国家改造運動者をふるいたたせる結果をまねいたこと、財閥の転向を招来したこと、政党政治が終わりをつげたことなどの点に歴史的意義を認めることができる。

15 陸軍部内の皇道派と統制派の対立について説明せよ。

P.430

一九三一（昭和六）年、軍部内閣樹立のための三月・一〇月事件後、陸軍内部の派閥争いがめだってきた。それが、皇道派と統制派の対立である。皇道派は、国内においては、天皇親政のもとに国家社会主義的な改革を行おうとし、対外的には、満州経営に国の主力をそそぐべきことを主張した。この皇道派の指導者は荒木貞夫や真崎甚三郎であり、彼らは、クーデターなどの直接行動による国内改造をもくろむ尉官級の革新派青年将校の支持をうけていた。そして、一九三一（昭和六）年から一九三四（昭和九）年にいたる間は、荒木が陸軍大臣の地位にあったため、皇道派が軍の主導権をにぎった。一方、統制派は軍部による国防国家の建設をめざしており、対外的には満州だけでなく大規模な大陸経営を意図していた。この目的実現のためには、軍の内部における統制の強化が必要であるという立場にたっていた。すなわち、武力による国家改造計画を放棄し、合法手段による覇権確立をめざし政・財界に接近するとともに、皇道派のクーデター計画を軍の秩序を乱すものとして攻撃し対立した。この統制派を支持したのは、参謀本部・陸軍省中堅将校ら佐官クラスの将校であり、永田鉄山がこの一派の中心人物であった。一九三五（昭和一〇）年、天皇機関説問題激化のころ、統制派は皇道派を要職から追放しようとしたので両派の争いが激化し、この年八月、統制派の永田軍務局長が皇道派の相沢中佐に刺殺され、さらに、一二月に、皇道派の拠点第一師団の満州転属が決定したので、かねてのクーデター計画を実行し翌年二・二六事件が起こった。しかし事件後、粛軍が行われ、皇道派の主要メンバーは一掃されて力を失った。

16 国家総動員法の制定と憲法との関連、および同法が戦時体制下の国民に与えた影響を述べよ。

P. 433

一九三八（昭和一三）年四月一日に公布された国家総動員法は、日中戦争・太平洋戦争下の戦時統制法である。日中戦争の長期化に対処するため、国家総力戦体制樹立をめざして制定されたこの法律は、国力を最大限に発揮できるように、人的・物的資源を官僚の統制と運用のもとにおき、その統制に関する大幅な権限を政府に委任することを規定したものである。

この法律によって政府は帝国議会の協賛なしに、戦時においては労務・物資・資金・物価などを統制し、平時にも技能者養成や物資の備蓄などを命令できることとなり、しかもその広範多岐にわたる事柄の具体的内容は、命令（勅令）に委ねられるという全面的な委任立法である。

民政党の斎藤隆夫ら自由主義的代議士は、戦時における臣民の権利の停止・制限は憲法三一条の非常大権に属するため、本立法により予め定めておくことは違憲であることと、国民の権利・自由の拘束は法律によって個々になすべきで、政府の命令に委ねるのは立法権の無視であるとして激しく批判した。しかし政友会・民政党内での内紛や軍の圧力などにより国家総動員法は結局成立した。その間、斎藤隆夫の衆議院での質問に対し陸軍の一中佐による、「だまれ事件」という象徴的な一幕もあった。

この、事実上憲法が停止されたにも等しい同法に基づき、賃金統制令・国民徴用令・価格等統制令が勅令として出され、国民は戦争優先・軍部優先の統制経済の下、あらゆる領域で不自由を強いられることになった。つまり明治憲法下において天皇の恩恵として法律の範囲内で認められていた「臣民の権利」さえもが、国家総動員法によって政府の一片の勅令で奪われてしまう体制ができあがったのである。

17 日独伊三国同盟の成立が遅れた理由を述べよ。

P. 436

一九三七（昭和一二）年一一月に調印された日独伊防共協定を強化するため、一九三八（昭和一三）年、第一次近衛内閣の時代から、ドイツは戦争体制強化の必要上、軍事同盟を提議し、その交渉が続けられた。対象を英・仏に拡大しようとするドイツ側に陸軍が同調し、一方、ソ連に限定しようとする外務・海軍と対立して難航し、一九三九（昭和一四）年、独ソ不可侵条約の成立により、その交渉は一時中断をみた。しかし、一九四〇（昭和一五）年、第二次世界大戦が勃発し、ドイツの緒戦の勝利によって対独提携論が強まった結果、第二次近衛内閣は三国枢軸強化をめざして、外相松岡洋右が交渉を再開し、この同盟が成立した。このように日独における同盟の対象問題・複雑な国際関係・国内における親英米派・親独派の対立などが同盟成立を遅らせた理由である。

18 ① 南進政策の目的を述べよ。

P. 438

一九四〇（昭和一五）年に成立した第二次近衛内閣は、基本国策要綱を決定し、南進政策を確認した。その目的は、第一に、ゴム・錫・石油などの戦略物資を確保し、米英依存の経済体制から自給自足経済体制への移行をはかること、第二に、援蔣ルートの封鎖などによって中国への圧力を加えること、第三に、戦略要地を確保することであった。

なお、南進政策の第一歩は、同年六月にフランスがドイツに降伏すると、ドイツの勝利を過信した日本は、九月に北部仏印に仏印を通ずる中国援助物資のルートを遮断することを口実に武力進駐し、ついで、蘭領（インドネシア）に対しても、石油など軍需資源の大量買い付けと鉱区の獲得をめざして経済交渉が進められた。また一一月、タイと仏印との間に国境紛争が起こると、日本は強引にこれに干渉し、タイ及び南部仏印における軍事基地を獲得するため、仏印を圧迫して国境に隣接する地域をタイに割譲させた。こうした一連の南方進出政策は、日米関係をさらに悪化させる原因となった。

② 日本の南部仏印進駐に対する米国の報復措置を述べよ。

日本の南方進出政策は、北部仏印からさらに南部仏印に進められた。陸海軍は南方進出の軍事基地として、南部仏印に進駐し、ここに海空基地を建設することを強く希望し、独ソ開戦前の一九四一（昭和一六）年六月一一日、「南方施策促進に関する件」を陸海軍案としてまとめた。これが七月の御前会議で正式に決定されると、陸海軍の進駐部隊はサイゴンをはじめとする南部仏印要地に侵入して基地の建設に着手した。さらに武力を背景として、ヴィシー仏政府に圧力を加え、同月仏印の共同防衛に関する日仏議定書が調印された。一方、このような日本の南部仏印進駐に対するアメリカの報復措置は厳しく、七月には日本の在米資産を凍結し、さらに八月、対日航空機用ガソリンの輸出禁止の措置をとり、蘭印も日本との石油協定を停止した。石油資源を持たずその大部分をアメリカから輸入していた日本にとっては、この石油禁輸は致命的な痛手であった。そこで日本は、石油資源などの確保のため武力を行使し、蘭印方面に南下せざるを得なくなったのである。

19 ポツダム宣言の要点をまとめよ。

P. 448

一九四五（昭和二〇）年七月、ドイツの降伏直後、トルーマン、チャーチル、スターリンがベルリン郊外のポツダム宮殿で会談し、さきのカイロ宣言を基礎として、欧州の戦争処理と日本に対する最終的条件を協議した。これは中国の蒋介石と連絡の上で同月二六日、米英中三国の名で発表された（ソ連は対日戦参加後、宣言に加入した）。

ポツダム宣言は、一三カ条からなる。その要点は軍国主義の除去、連合軍による日本占領、カイロ宣言を基にした日本領土縮小、日本軍の武装解除、民主主義、基本的人権の確立、平和産業の確保、国際貿易への復帰許可、日本軍の無条件降伏、戦犯処罰などを内容とするものである。日本政府は「国体を変革せざる限り」という条件をつけて受諾しようとしたが、ついに無条件降伏し、これが戦後我が国の諸改革の基本条項となった。

第9章　現代の日本と世界

1　アメリカの初期対日占領政策の特色を述べよ。

P.452

　アメリカ政府は、一九四二（昭和一七）年夏から対日占領政策の立案に着手し、占領開始とともに対日管理方針の大綱を決定したが、その基本目標は、日本の非軍事化および民主化におかれていた。非軍事化すなわち軍国主義の除去に関しては、旧帝国陸海軍の解体にとどまらず、A級戦犯に対する極東軍事裁判、国家神道の廃止、財閥の解体など様々な分野で行われた。また、民主化政策も多岐にわたって行われたが、それらを大別すると、①日本の封建的身分構成を再編し、真の立憲国家をめざす改革（象徴天皇制、臣民の主権者化、女性地位向上、家族制度の変革など）、②制度的改革（国会の最高機関化、地方自治導入、教育・労働改革など）、③民主的政治勢力の形成（民主化を阻害する勢力の公職追放、労働運動の支援など）となる。しかし、このような初期の占領政策は一九四七（昭和二二）年に大きく転換することとなる。

2　天皇が存続し得た理由を述べよ。

P.453

　天皇制の問題は、戦後の民主化政策の重要な一環であった。戦後解放された共産党指導者は「天皇制廃止・天皇戦犯」を強く主張したが、国民の大多数は天皇の地位について革命的変革を行うことを好まず、民主体制を確立しつつもその下において、天皇を国民の心情の中核として存続せしめようとする感情が強かった。また、連合国側でも天皇の神秘をあばき、主権を不可侵の天皇から奪うことを早くから考えていたが、一九四六（昭和二一）年元旦、天皇は「新日本建設に関する詔書」、いわゆる「人間宣言」を発表した。これは絶対君主としての天皇が持っていた神格を否定し、民主主義社会・国家の一員として国民とともに存在するというもので、国民の大多数に支持され、また連合国にもポツダム宣言の趣旨にかなうものとして受け入れられた。同時に占領軍は、日本国民の天皇に対する伝統的心情を占領政策の上で有効に用いようとするに至った。そのことは、マッカーサー元帥が「天皇の人間宣言は日本国民の民主化に指導的役割を果たすことになった」としたことによって伺える。日本国憲法は、この路線にそって天皇に国民的統合のシンボルたる地位が与えられ、象徴的存在として今日に至っている。

3　財閥解体の理由を述べよ。

P.454

　日本の財閥は、日清・日露戦争・第一次世界大戦以来太平洋戦争に至るまで政府・政党と結び、さらに軍国主義と結んで成長し、産業界を支配して戦争の強力な支持者になっていた。その意味で、敗戦においても、財閥は軍国主義復活の温床になる虞があると考えられ、その処置に大きな関心が向けられることとなった。一九四五（昭和二〇）年一一月、経済の民主化の名のもとに連合軍総司令部によって三井・三菱・住友・安田など十五財閥の解体が指令された。その理由は、財閥こそ寄生地主制とならんで日本の最大の戦争潜在力であり、日本の征服と侵略とを可能ならしめた原動力であるから、軍国主義者と同様の責任を有するにもかかわらず、敗戦後もなお独占的立場を強化して小企業を圧迫している現状では、財閥の解体がないかぎり日本人の自由な経済的活動はありえない、と考えたからであった。

4

P.456

①　農地改革のねらいは何か。

　日本占領後、連合国は過去の日本帝国主義と密接な関係を持つ諸制度の改革に乗り出したが、その中で最も重要な課題の一つが農村の民主化であった。それは農地改革を通じて推し進められていった。連合国としては、終戦前後を通じ依然日本社会に根強く残っている、農村の地主と小作人との間にみられる封建的要素を除くため、また経済民主化を妨げる最大のガンを除去するために、地主・小作人関係を廃止し、土地を直接耕作する農民に与えることにこの改革のねらいがあった。

② 農地改革のもつ歴史的意義について述べよ。

日本農村の民主化をはかるため、一九四五（昭和二〇）年、連合国から農地改革の指令が出された。日本政府は、この指令に基づいて、改正農地調整法を制定し、一九四六（昭和二一）年二月から第一次農地改革を行った。この改正法は、一九三八（昭和一三）年四月の農地調整法を改正したもので、その主な内容は、次のようなものであった。㈠不在地主の土地は政府が買い上げる。㈡在村地主の保有地は五町歩までとし、それ以上の土地は当事者の相対売買で、小作人に譲渡させる。㈢小作料は金納のほか、従来どおりの物納も認め、その額は制限しない。したがって、改革の成果はきわめて不徹底なものとなり、各方面から反対されることとなった。

そこで、連合国は再び農地改革の徹底化を求めてきた。そのため、政府は、一九四六年一〇月、農地調整法の改正と自作農創設特別措置法を定め、第二次農地改革が行われた。その主な内容は、次のようなものである。㈠すべての不在地主の土地保有を認めない。㈡在村していても耕作していない地主の一町歩（北海道では四町歩）を超える分、自作地・小作地をあわせて三町歩（北海道は一二町歩）を超える分の小作地は政府が強制的に買い上げ、旧小作人に優先的に売り渡す。㈢土地売買の公正を期するために、これらの処理はすべて農地委員会に当たらせる。委員会は、小作人五・地主三・自作二の割合で選出された。このような第二次農地改革は約二年半かかって、一九四九（昭和二四）年にいちおう終わった。この結果、小作地の全耕地に対する割合は、改革前の四四パーセントから一三パーセントに減り、自作農は急激に増加し、寄生地主制は大打撃を被った。

以上のように、農地改革によって農村の階級関係は大きく変わり、耕作農民は地主に対する半封建的従属関係から解放され、その生産意欲を向上させることになるとともに、農地改革は、農村民主化の基礎をつくった点で日本土地制度史上において画期的な変革であり、この点に歴史的意義を認めることができる。しかし、地主の一部は寄生地主から耕作地主に経営形態を変えることで、その勢力を残存した。特に山林の開放が行われなかったため、山林地主は薪炭、採草、山仕事を通して農民に対する支配力を維持したし、平野部でも地主は農業委員会を通じて官僚と結び、劣悪地を手ばなして、良い土地を確保し、あるいは水利権の支配や供出割当で、優越的地位を守ることに努めるものもあった。

5 新教育の理念と目的を述べよ。

P. 458

教育制度の改革は、終戦後まもなく進められた。一九四五（昭和二〇）年一〇月から一二月にかけて、占領軍は戦争協力者の教職からの追放、神道教育の禁止、修身、地理、国史の授業の停止も命じている。さらに一九四六年三月にはアメリカの教育使節団が、民主主義教育に関する勧告を行っている。その内容は、当時アメリカで一般化しつつあった制度、理念内容等に基づいて述べられており、この勧告に基づいて、一九四七年三月、教育勅語にかわる教育理念を盛り込んだ教育基本法が制定された。その理念は、民主的で文化的な国家を建設して、世界の平和と人類の福祉に貢献しようとする決意を示したことであった。またその目的は、人格の完成をめざし、平和的な国家および社会の形成者として、真理と正義を愛し、個人の価値を尊び、勤労と責任を重んじ、自主的精神に満ちた心身ともに健康な国民の育成をはかることであった。この教育の目的を達成するためには学問の自由を尊重、自主的精神を養うことを教育の方針とすべきだとした。また、人種・信条・性別・社会的身分・経済的地位・門地などによって教育上の差別を受けることがないよう、すべての国民に教育の機会均等を保障した。さらに、それとならんで学校教育法が定められ、いわゆる六・三制の学校制度が採用されて、義務教育は六年から九年に延長された。ついで、教育の国家統制を廃止するため、公選の委員で組織される教育委員会が設置（昭和三一年一〇月）されたのである。

6 日本国憲法の制定経過について述べよ。

P. 463

一九四五（昭和二〇）年一〇月四日、マッカーサーは近衛文麿内大臣と会見し憲法改正を助言、十二項目の改正点を示した。その後、幣原内閣のもとで、松本烝治を委員長とする憲法問題調査委員会が極秘裡に起草にあたり、翌年一月末に閣議に提出された。しかし、この松本案の内容が旧憲法の文言を部分改正したものであったため、ＧＨＱはこれを拒否、ただちにマッカーサー三原則に基づいた改憲案の起草にとりかかった。そのＧＨＱ案を受け取った政府は、多大の逡巡の後二月二二日の閣議でその受諾を決定し、それをもとに三月六日「憲法改正草案要綱」として発表した。婦人参政権も初めて認められた四月一〇日の総選挙では、天皇制廃止を唱える共産党を除き全議席が「要綱」支持派で占められたため、議会の審議も順調に進み、多少の修正の上可決され、一九四六（昭和二一）年一一月三日に公布された。

7　アメリカの対日政策転換の動機を、日本の国内情勢面と国際情勢面から考えよ。

P. 465

アメリカの占領政策は、当初、日本の非軍事化と民主化を占領の目的としていたが、インフレと食糧難に追い込まれた労働者階級は、共産党を主体とする官公庁労働者を中心に、賃上げ要求、吉田内閣打倒をめざして、一九四七（昭和二二）年二月一日にゼネラル・ストライキを決行するとの計画をたてた（二・一スト）。しかしその前日、マッカーサーは占領軍命令でこのストを禁止した。これは、米ソの対立が明確となるにつれて、アメリカの占領政策が民主化から反共へと転換していった最初の具体的な現れであった。さらに、国際面では一九四七年に世界の反共勢力への援助を声明した「トルーマン・ドクトリン」が出されたころから米ソ両陣営の対立が激化し、その占領政策は大きく変わりはじめた。その結果、一九四八年一月、ロイヤル米陸軍長官は、日本を非軍事化する政策を改め、日本を経済的に自立させて、アジアにおける共産主義に対抗する防壁にしなければならないと声明した。特に一九四九年一〇月、中華人民共和国の成立や、朝鮮戦争の勃発などによりアメリカの対アジア政策はいっそう軍事的色彩を強め、共産主義や民族革命運動に対抗する意味で、日本を軍事的に復活させようとする姿勢が明らかになった。これ以後、国内の労働運動、民主的高揚に対する反動攻勢がいちだんと強められていったが、一方では、知識人・学生の政治活動も活発となっていった。

8　破壊活動防止法の制定のねらいを述べよ。

P. 470

一九五二年五月一日、第二三回メーデーが講和条約・安全保障条約反対をスローガンに開催されたが、吉田茂内閣は皇居前広場の使用を禁止したため、デモ隊の一部がこれを不満として皇居前広場に乱入した。これに対して武装警官隊が拳銃と催涙弾などをもって鎮圧するという流血の惨事を引き起こした。吉田内閣はこれを契機として、破壊的な社会活動の取り締まりを理由に、国民の厳しい反対を押し切って同年七月に破壊活動防止法を制定した。その法律の内容は、ポツダム宣言により治安法規が失効したため、それに代わるものとして制定されたものであり、暴力主義的破壊活動としての内乱、外患援助、政治的目的のため刑法上の犯罪をなすこと、その正当性の主張・教唆・扇動を罪とし、そのような活動を行う団体を規制すること、などである。また、この法律制定のねらいは、講和条約が発効し、アメリカ軍による占領が一応の終止符をうつことになるので、日本政府は占領時代のポツダム政令などを国内法として温存しようとしたことであった。すなわち、占領目的阻害行為処罰令および団体等規正令が廃止となるので、政府はこれらを拡大強化したような法律の制定を企てたものである。

9　①　アメリカが講和会議の開催を急いだ理由を述べよ。

P. 472

連合国と講和条約を結んで国家の自主独立を回復することは、日本国民の強い要望であったが、米国とソ連の対日講和方針に関して意見の調整がとれないため、講和会議の開催は思うようにいかなかった。しかし一九五〇年に入ると、アジアの情勢は急迫してきた。一九四九年一〇月の中華人民共和国の成立によって、中国本土からしめだされたアメリカの対ソ政策の第一線となったのは、南朝鮮（韓国）であった。そのため、一九五〇年一月、米韓相互防衛援助協定が結ばれた。同年二月、アメリカの極東外交官会議がバンコクで開かれ、「韓国で共産主義が勝利すれば日本はおびやかされる。日本は今やアジアにおけるアメリカの重要拠点である」と結論したのに対し、同年二月、中ソ友好同盟相互援助条約が中国とソ連の間で結ばれた。この条約は、アメリカの軍事基地化しつつある日本を重視し、日本および日本と結ぶ国に侵略行為の制止を定め、またできるだけ短期間に対日講和の締結に努力することを約したものである。しかも一九五〇年に勃発した朝鮮戦争は、アメリカの極東戦略にとって日本がきわめて重要な位置にあることを示し、一九五一年二月、国務省顧問ダレスが来日するにおよんで、講和問題は急速に具体化し、アメリカは講和会議の開催を急いだのである。日本国内では、自由主義陣営との単独講和による早期講和実現を支持する政府・保守政党各派、財界などと、共産主義陣営をも含めた全面講和を主張する革新政党各派・労働組合・知識人グループなどが対立し、この日本の進路をめぐる講和論争は、国論を二分した。しかし、日本政府はサンフランシスコ講和会議に吉田首相以下の全権団を派遣し、一九五一年九月八日、アメリカ・イギリスなど四八か国との間に平和条約が成立したのである。

② 講和条約は、どのような問題点を残したか。

サンフランシスコ平和条約の発効により戦争状態は正式に終わりを告げて連合国の占領も解かれ、日本は主権を回復した。しかし、会議に中華人民共和国・中華民国が招請されず、ソ連・ポーランド・チェコの三国は条約の調印を拒否し、インド・ビルマおよびユーゴは会議の不参加を表明した。また、条約締結と同時に、日本はアメリカとの間に日米安全保障条約を結んだことによって、アメリカ軍は引き続き日本に駐留して全国各地の基地を使用し、外敵の侵略や内乱の際に日本政府の要請に応じて出動することなどが取り決めたれた。この平和条約と安保条約は東アジアにおける両陣営の冷戦の所産であった。日本はこれにより完全に自由主義陣営の一員として、軍事的にはもちろん、政治的にも経済的にも、アメリカに従属し、その極東における最大の基地と化していったのである。以上のようにこの対日講和条約は、アメリカの極東政策の要求が強く反映されたものであり、新しい戦争に対する戦略的な目標を持つものであったことが、その後の日本の進路に大きな問題点を残したといえよう。

日本を対ソ・対中包囲陣に加えるものとみたソ連、中華人民共和国がただちに反対を表明したのはもちろん、インドは占領軍の駐留を非難し、フィリピンやオーストラリアも日本が再軍備を予想していることに不満を示した。日本国内においても、独立と自由を守り、戦争の陣営に引きこまれることを防ごうとする立場から、ソ連、中国を含める全面講和を要求する運動が広がっていったのである。

10 新安保と旧安保を比較し、特に改定された点を調べよ。

P.474

第二次岸内閣が処理を迫られた問題の一つが、安保体制の強化であった。一九五一（昭和二六）年、米軍の日本駐留を規定した日米安全保障条約が調印された。しかし、アメリカはバンデンバーグ決議により、自衛力のない日本と双務的取り決めはできないとしたため、条約そのものを暫定措置と規定し、米駐留軍は駐留権を与えられるが、米駐留軍には日本防衛の義務を負わないという片務的形式がとられた。その後、アメリカは日本の軍事力増強を要求し、日本政府も自衛隊の強化につれて条約改正に乗り出すことになった。政府のこのような動きに対して、革新勢力は強力に反対した。その理由は、平和共存の方向に逆行するものであり、安保の改定は日米軍事同盟の強化である、と考えたからである。こうした革新勢力の激しい反対を押し切って、政府は、一九六〇（昭和三五）年一月、日米新安全保障条約に調印した。その改定された内容は、第一に、自助および相互援助により両国は自衛力の維持、発展に努めること。第二に、日本の施政下にある領域の日・米いずれか一方に対する武力攻撃にも共通に対処・行動すること、第三に、旧条約の内乱鎮圧条項の削除、一〇年間の最低存続期限の設定など、対等・双務的な形式を整えたこと、第四に、米軍が日本の基地を「極東における国際の平和及び安全の維持に寄与する」ために使用すること、第五に、交換公文で米軍の配置、装備の重要な変更、日本を基地とする戦闘作戦行動などについては日・米両国で事前に協議すること、などが特に重要な点としてあげられる。

11 ソ連との国交回復がなぜ必要であったか。

P. 475

ソ連は一九五一（昭和二六）年のサンフランシスコ講和会議に出席しながら条約に調印せず、日本との間に戦争状態が継続していた。日本のたび重なる国連加盟の申請もソ連の拒否権の発動で実現せず、さらに北方領土・安全操業等の諸問題があり、これを解決するためにはソ連との国交回復が必要であった。鳩山内閣は、日ソ国交回復に着手して、一九五六（昭和三一）年一〇月、両国間の戦争状態を終結させる「日ソ共同宣言」に調印した。その結果、それまでソ連の反対によって実現されなかった日本の国連加盟の障害が取り除かれ、同年一二月、日本は国連加入を認められた。

12 日韓基本条約の問題点を述べよ。

P. 477

佐藤栄作内閣は、ベトナム戦争の激化を背景にアジアにおける反共体制を強化すべく、過去一四年間にわたる日韓交渉を急速にすすめ、一九六五（昭和四〇）年六月、日韓基本条約に調印した。これに対して一〇月には、社会・共産両党系の統一行動がおこり、一〇万人が日韓条約批准反対の国会請願デモを行った。一一月にも、日韓条約粉砕の第二次統一行動が展開されたが、政府は強行採決によって同条約を成立させたのである。

この条約の成立は、アジアの自由主義陣営の強化という性格を有し、ことに日・韓・台三国の連携による反共軍事体制の強化をいっそう推し進めたものである。さらに第三条に示すように大韓民国が朝鮮で唯一の合法的政府と規定しているがため、朝鮮民主主義人民共和国との関係が、その後の大きな日本の課題として残されたのである。

13 朝鮮戦争が日本に与えた経済的影響について述べよ。

P. 481

朝鮮戦争が日本の戦後史に与えた影響はきわめて大きい。この戦争により、対日単独講和と日米安保体制樹立の動きが決定的となり、また日本の再軍備が始まり、今日の自衛隊の基礎ができたのである。そして、このような非武装中立構想の崩壊が、戦後日本の経済発展の出発点となった「特需ブーム」を日本にもたらしたのであった。

一九五〇（昭和二五）年六月朝鮮戦争が勃発し、日本に駐留するアメリカ軍が国連軍として出動すると、この国連軍の物資・サービスの調達は、アメリカ軍と日本業者の直接契約によって発注され、主としてドルで対価が支払われたが、これを朝鮮特需と呼ぶ。三年間の戦争中の特需発注高は一〇億ドルの巨額にのぼり、国際競争力に乏しい日本産業に突然の巨大な外需をもたらした。このため、日本経済はドッジ不況を一挙に好況に転じ、鉱工業生産も戦前の水準（一九三五年頃）を突破した。さらに大量の外貨の流入は、一九五一（昭和二六）年六月をもって打ち切られたアメリカの対日援助に代わって国際収支の均衡を保つ決定的な役割も果たしたのである。

（コピーしてご使用ください）

史料日本史　P.＿＿＿＿　探究＿＿＿＿　原稿用紙

年　　組　　番

（コピーしてご使用ください）

史料日本史　P.＿＿＿　探究＿＿＿　原稿用紙

年　　組　　番